重庆人文科技学院成渝地区双城经济圈中小城市发展研究中心 2024 年度项目：数字经济赋能成渝地区双城经济圈农产品流通的驱动机制及路径突破研究（24CRKPT0102）

重庆市教委人文社科研究 2025 年度项目：数字金融赋能重庆市制造业企业绿色创新的机制与路径研究（25SKGH285）

重庆人文科技学院工商学院 2025 年高等教育改革研究项目："数智"时代下商科类现代产业学院育人路径优化与评价研究（25CQRKGSJG04）

领导力法则

如何成为卓有成效的管理者

黄代蓥　张雨航　周　鹏◎著

山西出版传媒集团
山西人民出版社

图书在版编目（CIP）数据

领导力法则 ： 如何成为卓有成效的管理者 / 黄代蓥， 张雨航， 周鹏著． -- 太原 ： 山西人民出版社， 2025． 4．
ISBN 978-7-203-13965-2

Ⅰ． F272.91

中国国家版本馆 CIP 数据核字第 20256CF305 号

领导力法则：如何成为卓有成效的管理者

著　　者：黄代蓥　张雨航　周　鹏
责任编辑：薛正存
复　　审：李　鑫
终　　审：梁晋华
装帧设计：优盛文化

出 版 者：山西出版传媒集团・山西人民出版社
地　　址：太原市建设南路 21 号
邮　　编：030012
发行营销：0351－4922220　4955996　4956039　4922127（传真）
天猫官网：https://sxrmcbs.tmall.com　电话：0351－4922159
E－mail：sxskcb@163.com　发行部
sxskcb@126.com　总编室
网　　址：www.sxskcb.com

经 销 者：山西出版传媒集团・山西人民出版社
承 印 厂：明玺印务（廊坊）有限公司

开　　本：710mm×1000mm　1/16
印　　张：14
字　　数：200 千字
版　　次：2025 年 4 月　第 1 版
印　　次：2025 年 4 月　第 1 次印刷
书　　号：ISBN 978-7-203-13965-2
定　　价：78.00 元

前言

所谓领导力，就是管理者以自身为核心，感召足够的人才组建团队，并带领团队一步步去实现共同的目标；通过自身的领导，对员工、团队的行为和理念产生影响，使整个团队的员工宛如一体，向目标前进并不断提升自我能力。

企业管理者的领导力，不仅是一种领导才能，用以激发员工的工作激情、创造力、想象力，还是一种统率才能，可以培养员工的团队精神，让整个团队能够全力以赴，全心全意地为统一的目标而不懈努力。

想要成为卓有成效的管理者，就需要拥有多层面的领导力，其中包括管理者自身的魅力和能力，这是管理者组建团队、吸引人才必不可少的前提；包括统一企业的目标，并将个性不同、能力不同、心态不同、情绪控制力不同的员工，聚集到一起形成足够的凝聚力，运用自身的沟通能力、协调能力、处理能力，让这些员工形成团队，达成合作；还包括对不同的员工深入了解，并挖掘员工的不同优势，以组织能力让员工能够各司其职、优劣势互补，从而产生越来越强大的战力；更包括形成决策、设计制度、推动执行，以便促进员工能够同心协力、相互配合，引导整个团队稳定、和谐地向共同的目标不断进发。

有些管理者天生就拥有很强的领导力，但是这类管理者属于极少数。绝大多数人并不具备这种天生的领导力，但凭借后天的学习、提升、锻炼、凝结，在经历过无数次失败，对抗过无数困难，解决过无数问题之后，同样能够成为卓有成效的管理者。

卓有成效的管理者，需要具备综合的领导力。形成综合领导力的过程和渠道，就是本书所总结的“领导力法则”。管理者的综合领导力，需要以管理者自身的个体能力和素质为核心，识别人才并挖掘人才，寻找适宜企业发展的人才并组建属于自己的团队，借助管理者的决策能力，推动团队高效执行各种计划和任务。在此过程中，管理者还需要能够与员工高效沟通，并有效激发员工的工作热情，最终通过自身的引导，实现卓有成效的管理。

目录

能力篇

强大的个人能力是领导力的根基

千人同心，带团队要有组织力

管理者在建立企业、组织团队的过程中，想要让员工和自己一起奋斗，为企业的发展鞠躬尽瘁，除需要拥有扎实的个人能力外，还需要强大的组织能力。这样才能真正将员工组成一个同心的团队！

当企业发展到一定程度和规模时，可能会出现发展缓慢、止步不前，甚至倒退的现象，这其实就是管理者组织能力不足所造成的。

管理者的组织能力，主要包括权力分配、岗位分工、部门分支、人员安排等。用通俗的话来说，就是管理者要真正了解每个追随者的能力和实力，并将他们安排到最合适的企业位置，最大化地发挥出他们的潜能，使整个团队拧成一股绳，能够亲密无间地进行协作。这样才能够创造出一个又一个“奇迹”！

说到迪士尼，相信没有几个人不知道，尤其是迪士尼的动画片和电影，曾经陪伴了很多人的童年，至今依旧如此。此外，迪士尼乐园也已经成为很多人游玩的乐园。

迪士尼的全称是华特迪士尼公司，是由华特·迪士尼在1923年创立，其主要涉猎的业务是动画、影业和动画乐园。其实，在1920年的时候，华特·迪士尼就曾建立过一个公司，以美术创作为主，但是仅过了一个月的时间，就因为入不敷出而停业。后来华特·迪士尼学习了电影拍摄技术和动画制作的基本技术，又经过数年的打拼，才和自己的哥哥在洛杉矶成立了迪士尼公司。

之后，迪士尼公司开始不断开发和创作各种动画产品，米老鼠和唐老鸭就是迪士尼公司最为知名的两个动画角色。

华特·迪士尼成名之后，曾和一个特别喜欢迪士尼动画乐园的男孩有过一次非常经典的对话。男孩知道华特·迪士尼是迪士尼公司的创始人之后，非常兴奋地开始不断提出问题。

华特·迪士尼对这些问题的回答，却让男孩觉得非常奇怪。男孩问："你是米老鼠和唐老鸭的创作者吗？"华特·迪士尼回答："不，它们都是迪士尼公司设计师们的杰作！"

男孩又问："那动画和影片中很多好玩的内容和点子，都是你想出来的吗？"华特·迪士尼回答："并不是，都是迪士尼公司的编剧和编辑们的灵感。"男孩再问："那所有创作出来的好玩角色，都是你画出来的吗？"华特·迪士尼回答："也不是，都是迪士尼公司画师们的功劳！"

男孩非常惊讶："那你在公司到底做什么呢？什么都不干吗？"华特·迪士尼笑着说："我在迪士尼公司，最主要的工作就是组织他们所有人一起工作，确保他们能够合作无间！"

任何一位管理者都不可能是全才，而建立一家企业，必然需要各个方面的人才加入。这时就需要管理者通过强大的组织能力，将这些人才协调一致，让所有人同心协力，这样才有可能让企业不断发展壮大。

迪士尼的创建者华特就是如此。在迪士尼公司中，不仅需要画师，还需要编剧和编辑、设计人员、动画制作人员，还需要上色人员、场景架构师等。虽然华特懂绘画、拍摄和动画制作，但是个人的能力毕竟有限，想要创作出更多脍炙人口的作品，必然需要众多专业人才的完美配合。

管理者的组织力，是为了让不同的人才能够在团队中各自发挥专长，之后借助组织力将这些专长以成果的方式呈现出来，最终让企业获得更大的成就。

通常，管理者需要在团队组建过程和企业发展过程中，根据不同的阶段运用不同的组织能力。

团队组建期的组织力

任何管理者建立企业后的第一步行动，都是进行团队组建，尤其是寻找能够与企业发展相契合的各方面人才。但是通常招聘来的人才，都会有不同的性格、不同的能力、不同的需求、不同的特点、不同的观念和理念等，而且绝大多数人彼此之间并不熟悉，自然也就缺乏了解和信任。

要想让这些人才齐心协力，成为同一个团队的成员，就需要依靠管理者的组织能力。管理者必须尽快掌握团队之中各个成员的情况，以及团队的整体状况。若团队还欠缺某些领域的人才，就需要管理者尽快寻找和挖掘。

管理者需要在最短的时间内了解清楚不同团队成员的特点，包括他们的性格特征、需求、能力等，然后针对不同成员的特点，匹配一个最适合的定位。也就是说，管理者在团队组建期，需要借助自己的组织能力，将各种人才构建成一个立体化的团队关系网，彼此连接、彼此影响。

需要注意的是，管理者在组建团队的过程中，不能过分放手，不管不顾，毕竟团队成员之间尚不够了解，放任不管很容易出现各种矛盾和冲突；也不能管理到事无巨细，这样容易限制各成员能力的发挥，也无法让他们快速熟悉。

团队磨合期的组织力

将团队组建起来后，随着成员之间的接触增多，彼此之间自然就会形成初步的了解，也会开始进行尝试性合作，这时整个团队才算步入正轨。

不过，因为不同成员的性格和特点不同，接手的任务和彼此的能力也有所不同，所以在合作过程中需要不断沟通交流，并慢慢进行更深的合作。

成员之间还不熟悉，所以此时的团队属于磨合期。绝大多数成员的沟通交流，依旧会由管理者作为中转；各种解决问题的决策、合作的相关模式等，都会以管理者为主。

此时的管理者，就需要表现出另一种组织能力，即对团队成员进行引导，充分发挥出自己作为中转站的优势，从思想层面引导不同的成员直接进行沟通交流，而不再需要管理者的参与；也需要慢慢引导团队成员，认识到哪些决策和决定能够自己做主，以便逐渐减轻管理者的管理压力。

当然，在整个团队磨合期，管理者也不能完全放权，而是应该充分发挥自己的引导作用。一些极为重大的目标和方向性决策由自己来落实，其他的决策和目标制定，可以只进行审核。

团队碰撞期的组织力

度过团队磨合期之后，不同成员之间的合作与配合就会更加频繁，工作效率也会更高。但是也因为成员之间更加了解和熟悉，所以不同成员的不同意见、想法就会更快表达出来。这些不同的意见和想法，很容易在不同部门之间形成摩擦，从而出现各种各样的矛盾与冲突。

此时，团队就进入了碰撞期。此时，如果管理者放任不管，就容易因为这些矛盾和冲突，使工作过程不顺畅，也就会使工作效率大幅度降低。而拥有强大组织能力的管理者，则会以引导者的身份，推动不同的部门、成员之间形成良性冲突，以便让成员之间的合作更具竞争性。

需要注意的是，管理者虽然能够用权力压制工作之中出现的矛盾和冲突，但压制的后果必然是拥堵，而堵永远不如疏。所以，管理者不但需要发挥自己的组织能力，让冲突和矛盾成为彼此促进、深入研发、相互借鉴的跳板，而且必须以身作则，有理有据地引导团队成员更好地合作。

团队成熟期的组织力

经过团队碰撞期，整个团队就进入了成熟期。此时团队成员之间的合作更加顺畅，工作效率非常高，此时管理者需要发挥特定的组织能力，将整个团队的力量、目标和追求，都拧成一股绳。

管理者需要以高屋建瓴的眼界，从企业全局出发，带领企业和团队不断明确目标和方向，并给予团队适当的刺激与鼓励。最佳的组织手段，就是构建团队共同认可的企业文化和信念，通过不断构建新目标，来推动企业和团队一步步地踏实成长和进步。

领导团队，关键在于协调力

在一个企业中，管理者要想带领众多员工共同向目标前行，就必然需要拥有极强的协调力。不论是员工和员工彼此配合工作，还是部门和部门协作，或者企业与合作伙伴、与其他企业进行合作，都需要借助管理者的协调能力。

如今的很多企业，动辄数百人、数千人，乃至上万人、十万人。如此众多的员工，在管理者的引领下向同一个方向努力，必然需要管理者拥有极为出众的协调能力。

毕竟，个人与个人之间、组织与组织之间，以及企业与企业之间，会因为各种利益关系产生各种各样的矛盾，这就容易在共同前行的过程中产生一定的障碍。若无法及时进行协调，使前进过程更加顺畅，就可能会严重影响工作的效率。

通常情况下，在领导团队的过程中，管理者协调能力越强，整个组织行动过程中彼此的关系就会越融洽，工作效率也就越高；但如果管理者协调能力不足，就会使整个组织中矛盾丛生、负面情绪弥漫、钩心斗角严重，从而导致工作效率低下，甚至可能无法实现任何目标。

工作关系协调力

管理者需要带领一个企业，其中有多个组织、众多员工。从这个角度来说，管理者的协调力，主要表现在对两种关系的协调中，其中一种就是工作关系协调力。管理者管理企业的过程，就如同一名将军在统领无数士兵进行战斗，借助众人所形成的团队，来不断完成企业组织的各种目标，所以管理者需要具备工作关系协调力，即要协调好自身与组织中各个成员之间的工作关系，在最短的时间，完成最多的任务，确保所有成员都发挥最大的才能，从而在特定的工作时间和空间，有条不紊地完成各项任务，最终实现目标。

在企业组织中，管理者的工作关系协调力，主要用于以下四个方面内容的协调。

其一，对部门任务进行协调。因为任何企业在实现某个大目标时，都需要将其分解为不同的小目标，并由职责不同、人员不同的部门来完成。这些小目标的下达，就是各个部门管理者的任务。

不同的部门由不同的人员组成，他们专业度不同、性格不同、效率也不同，所以在完成任务的过程中，就容易出现不同部门之间完成任务的质量、速度不同的情况。但是这些部门的合作，都是为了实现共同的大目标，所以这就需要管理者对不同部门的任务进行协调。

通常管理者需要从大局出发，即以大目标的最终结果和效果为准则，逐步协调不同部门任务的完成质量和完成速度，以期达到协调一致、共同进退的效果。在协调部门任务的过程中，管理者需要引导不同的部门根据自身特性和能力，不断调整和完善计划，并鼓励不同部门之间配合与合作，让企业内所有部门都能够按部就班地共同进退。这样更有利于实现企业的最终目标。

其二，对工作的时间进行协调。通常将企业大目标分解为不同部门的任务后，都会有一个任务完成的时间限制，尤其是在竞争如此激烈的今天，机会可能稍纵即逝，所以完成任务的时间必须非常精准。

这就需要管理者有效引导不同的部门，协调部门完成任务的时间，将完成企业大目标的最终时间，细分成各部分完成时间表，明确在不同的部门任务中。这样才能确保不同部门都能够在规定的时间，保质保量完成任务。

其三，对行动措施进行协调。因为在协调不同人员和部门完成大目标的过程中，为了确保目标方向不偏移，会对部门任务和工作时间进行协调，所以行动措施也需要有针对性地进行协调。尤其是有时部门完成任务的预期、状况发生了变化，或者是市场的变动造成任务需要变动时，为了确保在限定时间内完成任务，管理者就需要根据实际情况，适时协调行动和具体的措施，以便确保整个企业的运作顺畅。

其四，对工作过程中的各项要素进行协调，即企业完成目标的过程中，对各项人力、物力、财力的调配与协调。不同的部门和任务，不同的任务时间限定，不同的行动措施，所运用的人力、物力和财力也会有所不同。这些都需要管理者根据实际情况，进行快速分配，以便人尽其用、物有所值。

协调员工关系的技巧

通常情况下，管理者在带领企业发展的过程中，必然需要和无数员工打交道。不同的员工所处的位置不同、性格不同、能力不同，想要和员工打成一片，协调好彼此的关系，就需要管理者拥有极为娴熟的协调技巧。

管理者想要求员工做到某些要求，首先就需要自己能够做到，这样才更具说服力，也才能够让员工更加信服。如果你自己都无法做到，又有什么资格去要求员工?

如果管理者和员工出现矛盾冲突，管理者首先需要能快速冷静下来，这样才能够理智对待问题。而且在处理矛盾冲突时，需要注意从大局入手，不能强行压制员工，否则必然会适得其反。

既然你需要借助员工的能力，那么就需要给予员工足够的尊重，不能损害员工的自尊心，否则必然会受到员工的抵制和反感。

而且，管理者在向员工布置某些任务时，最好以商量的口吻，而不是冷冰冰的命令模式。尤其是一些较为专业的任务，员工可能更具权威性，以商量口吻布置任务，有利于员工提出自己专业的看法，更有利于任务的高效完成。

当管理者分配好任务后，就需要给予员工对应的权力，并信任员工能够将其做好，这样员工才能够放开手脚。在此过程中，如果员工提出合理乃至更优的意见和建议，管理者应该引起重视。如果有利于任务的完成和企业的发展，就需要给予足够的支持，以便提高员工的积极性和忠诚度。

在员工执行任务过程中，管理者还需要适当理解员工，多站在员工的角度去看待工作和任务。在员工需要支持和援助时，应该给予力所能及的帮助和指点，以便快速推动工作的进程。

细节决定成败，掌控力必不可少

管理者在带领企业和团队的过程中，还需拥有掌控力，即对企业、部门、员工、目标、任务、执行等具有一定的掌握力和控制力。只有这样才能够把控整个企业的发展、提高、目标实现等过程。

1993 年，任正非听从余承东的建议，硬生生地从研发大型交换机的资金中抽取了一部分，用以研发 3G 无线网络技术。数年之后，华为终于拥有了成熟的方案和技术。只是，要真正实现 3G 无线网络技术的应用，还需要一个契机。

2004 年，这个契机出现了。但是随之而来的，也是巨大的挑战，因为这不仅需要巨大的技术投入，还需要运用资金开拓市场。这个契机，是荷兰一家小型运营商带来的，因为他们希望华为能够覆盖更大面积的网络。余承东在了解到他们的需求后灵机一动：这不正是完美的过渡机会吗？完全可以运用新开发的 3G 无线网络技术来完成任务。

就这样，华为正式在欧洲立足，其国际知名度也开始逐渐提高。2006 年，另一家欧洲运营商决定将自己的 2G 技术转型为 3G 技术，因为华为已经开拓了欧洲市场，因此这个挑战就落到了华为的头上。

只是，因为此次合作覆盖的范围更广，这就意味着更大的投入，不仅是资金投入，还有人力和研发力量的投入。如果无法成功，华为必然会一蹶不振，所以在当时华为内部充满了反对的声音。

但余承东认为，这是华为发展路上必须经历的。在这样的背景下，任正非从华为发展全局着手，思索良久，分析出这次的项目对于华为而言，无疑是一个巨大的机遇，同时也是巨大的挑战。

为了能够为华为未来的发展拓展更广阔的空间，任正非决定再次支持余承东！在任正非和余承东的全局把控之下，整个项目得到了稳步推进，两年之后，华为终于完成了该项目，也为华为开拓出了更大的发展空间。

无独有偶，2012 年，余承东已经晋升为华为总裁，负责华为的手机业务。任正非给予了余承东足够的权限，在仔细分析全球手机业务的发展方向后，余承东决定：把华为手机业务全面转型到自主研发领域。而这一决策，让华为当年的手机销售额暴跌，整体业绩大幅下滑，甚至华为所有员工都没有拿到年终奖金。

而且，因为刚刚转型，所以当年的华为手机，技术并不够成熟，经常频繁出现问题，极大影响了用户体验。任正非暴怒，甚至当着余承东的面将手机摔了个粉碎！

但是，任正非拥有强悍的情绪掌控力，在暴怒之后很快就冷静了下来，并认识到余承东的做法和决定并没有问题，而在创新开拓的路上，自然会有失败和问题，只要解决掉，就会换来更广阔的发展空间。

自我情绪的掌控能力

作为管理者，首先需要具备的就是自我情绪的掌控能力。无法有效自控的管理者，必然会影响对工作的掌控和决策。当然，这种自我情绪的掌控，并非指完全没有情绪，而是指在情绪出现之后，能够快速冷静下来，理智进行对待，并能够及时将情绪出现后造成的影响降到最低。

就像余承东因为研发的转型手机技术不成熟，造成华为的手机业务整体绩效大幅下滑，任正非极为愤怒，甚至当面将手机摔碎。但是，任正非并未让愤怒的情绪一直影响自己，而是很快就冷静下来，并针对出现的问题进行解决和挽救。

企业的管理者，其一举一动都会严重影响企业的运转。如果管理者无法有效控制自己的情绪，就很容易在冲动或愤怒之下做出错误决策，可能导致企业进入无法挽回的尴尬局面。

因此，管理者要培养自己情绪的掌控力，有效降低负面情绪的影响，避免出现不当行为，快速冷静下来，以冷静的态度处理各种问题。

统领全局的掌控能力

一个企业通常会由多个部门及员工组成，作为企业的管理者，想要更好地展开工作，协调好各个部门和员工之间的关系，就必须拥有全局意识，也就是要拥有统领全局的掌控能力。

这首先就需要管理者能够站得高、望得远，不论遇到什么问题、事件，都应该思考周全。这样才能够更好地把控企业的发展，并有效协调发展过程中各种有利因素和不利条件，从而让有利因素不断发挥作用，推动企业发展，同时避开不利条件，消除发展过程中的障碍。

例如，某新媒体企业在发展到一定程度后，决定进入短视频平台进行市场拓宽，但是其管理者并未真正了解短视频平台的市场特性，也未深入了解对应的政策法规，直接就开始以引人的标题和吸引眼球的封面为主，包装了并无太多内涵的段子，具体的视频内容根本未曾精心打造。很快，这家企业就遭受了整个短视频平台众多用户的排斥。如今的短视频平台，早已过了过度包装的阶段，而是进入了以极具内涵、辅以知识普及的内容为主的时代。该新媒体企业仅以精致包装为主，虽然前期积攒了大批支持者，甚至借助支持者的力挺收获了一笔资金，但是很快就因为毫无内涵的内容被用户纷纷抛弃。最终该企业不得不关停了短视频平台的业务。

这就是没有统领全局掌控力所造成的不良后果。任何管理者想要引领企业不断前行，都需要对企业所处领域的发展动态、相关政策法规等了如指掌，并能够预判行业的发展趋势。这样才能够探索出具有远见卓识的发展道路。

管理者只有拥有了统领全局的掌控力，才能够更加有效地制定企业的战略目标，并组织不同部门和员工共同努力。

把控过程的掌控能力

管理者除需统领全局外，还需要在企业发展、任务执行的过程中进行有效把控。这需要管理者关注细节，从细节处着手，对整个过程进行精准了解和协调。

通常在实际工作开始之前，管理者就需要对影响工作的各项因素进行了解、分析，尤其是要对企业内部工作相关的各种因素进行了解，以便所有的工作都能够向企业发展目标或任务目标方向合理发展。

在工作进行过程中，管理者需要有效掌控不同部门和人员之间的配合，以便让工作按照计划进行。同时需要对工作进度进行监督和指导，适时调整工作之中的配合方式。

在工作完成之后，管理者还有一项十分重要的工作，那就是对整个工作过程和最终结果进行总结归纳和反思，挖掘工作发展的规律，积累工作过程中的各项经验，找到工作过程中的问题，汲取教训，以便在今后的工作中进一步完善工作目标和行动计划。

需要注意的是，管理者在工作中，最重要的职责就是组织工作、协调工作、指导工作，并匹配对应的激励措施，以便让所有人、所有部门，都能够向同一个目标努力。管理者的掌控力，主要表现在管理者能够抓取到整个工作中的关键因素，确保整个工作过程不会偏离最终目标和方向，而其他的事务，则需要授权给不同的部门和员工，管理者只需要把控授权后的工作即可。

威信让你一言九鼎

管理者需要带领团队，引领企业发展，所以在面对员工时，就需要表现出一定的亲和力，以便能够将员工凝聚在身边，共同进退。但除此之外，管理者还需要具备一定的威信，这样工作过程才能更加顺畅，也更容易提高工作效率。

管理者想要提高个人的威信，就需要不断培养深厚的内在修养，包括文化修养、心性、脾气、情绪控制力等。这些通常都需要日久天长的积累和潜心学习，所以管理者必须注重日常的提升和学习，严格要求自身，以便不断积累修养。

另外，当管理者身边的员工越来越多后，结合企业组织的凝聚力，就会自然而然赋予管理者一定的权力，尤其是职责范围之内对应的各种权力，都能够有效提升管理者的威信力。这些权力是管理者能够完成领导行为的核心，如果没有这些权力，管理者就无法对员工的行为和目标等产生影响，自然也就无法指挥整个团队。

王总在年轻的时候，曾经从军多年，复员之后，多年的从军经历使得他一直奉行军事化的自我管理。这种自我管理习惯使得王总非常干练，决策果敢且令行禁止。

在积累一定原始资本之后，王总创立了自己的企业。在带领企业的过程中，王总依旧奉行令行禁止的军事化管理模式，这也使得他的企业快速在市场站稳了脚跟，十年左右的时间就已经成长为市场之中的佼佼者。

为了管理好企业，并将军事化管理模式推行到位，王总一直在总结经验和教训。他总结出了作为企业领导者必须做到且做好的几件事，既树立了自己的威信，更因为他的榜样力量，使得整个企业从上到下都极为团结一心，在整个企业之中王总更是显得一言九鼎。

首先，管理者必须以身作则。想要让员工做到某个要求，达到某种程度，作为管理者就必须先行达到要求，这样才能够让员工感觉到这个要求拥有榜样，更能够通过自我管理达到。

其次，在企业内部，对各种绩效和工作成果进行考核指标量化，而且这种量化指标必须一视同仁，从上到下均需要贯彻和执行。考核指标量化会让很多工作效果和成果，直接可以进行数据化呈现。通过标准的制定，员工可以完全根据量化标准的数据进行参考分析。任何人都按照此量化标准进行参考，就会拥有更加透明、更加公平公正的标准和评判体系，从而可以让员工感受到一视同仁。

再次，根据考核指标量化，还需要制定匹配的奖惩制度，而且奖惩制度必须严格执行，不允许有丝毫忤逆。根据量化的指标，对应制定奖惩，如任何一个人在工作过程中，能够超额完成正常工作状态下的量化指标，那么就必须给予不同层级的奖励；而任何人在工作中若未能达到正常工作状态下的量化指标，也需要给予对应层级的惩罚。

这种奖惩从上而下完全贯彻，地位和身份在制度面前一视同仁，甚至王总作为企业创始人、领导者，所执行的是最为严苛的奖惩制度。

最后，王总在企业内部建立了严格的审查制度，包括对各层、各部门人员、工作的审计和督察，每年都会针对不同部门的不同层级人员，进行审查管理。这种审查从上到下统一贯彻，不以关系论，更不以资历论。

王总所说的这几件事，不仅呈现在纸面上，更在一丝不苟地执行。每天，只要没有外出任务和洽谈项目，王总都是最早进入企业，最晚走出企业，而且每日的工作内容，都会交由审查部门进行备案，极为敬业；企业内部各部门的具体工作，王总从来不会着力干预，更不会让自己的亲朋参与，以做到完全避嫌；在整个企业内部，王总从来不会看某人到底有哪些关系和人情，而是完全以工作能力和实力来评判人才。这样就使得整个企业从上到下都以能力和实力为标杆，最大程度给予了员工发挥才干的机会。

这样的做法，使得王总在整个企业内部威信极高，毕竟王总就是企业内部最大的榜样，也在按照企业所制定的各种制度执行和工作。有了这样的榜样，整个企业从来没有出现乌烟瘴气的氛围，从而也就完美实现了“令行禁止”，王总的管理自然就有了一言九鼎的效果。

作为管理者，在管理企业和员工时想展现自己的威信，最好的方法就是运用管理者自带的权力。但是需要注意的是，权力是一把双刃剑，如果用好了可以快速提升员工的认同感和认可度，同时增加管理者自身的影响力，但用错了就会让员工的认同感大降，甚至会有损自身的形象。具体而言，管理者运用权力来增加威信，可以从两个层面着手。

在形式层面强化管理地位

管理者在带领员工的过程中，需要通过有效的手段和方式，让手中的权力充分发挥作用，而最简单也最直接的方式，就是借助各种形式让员工感觉到管理者的威信。即从形式层面强化自身的管理地位，让员工从心里感受到管理者的影响力。

例如，管理者在与员工沟通时，尤其是安排员工做某些事时，就可以要求员工采取某种特定的形式倾听，如站立倾听、整齐落座倾听等，这样会给予员工一种规范化的要求，从而也会让员工体会到管理者的管理地位。

又如，管理者举行工作会议时，可以要求所有人端正坐姿、听从命令，发言时需要站立，形成一定的规范和紧张氛围。这样不仅能够有效提高会议的效果，还能够有效提高管理者的威信。

再如，管理者下达各种工作安排时，可以分组进行，并要求各个小组自主决定完成工作的具体时间，以类似“军令状”的方式予以承诺，管理者可以根据各小组的决定，进行更加精细化的调整和建议，这样员工就会感受到管理者的威信和能力。

管理者可以自己挖掘不同形式层面的潜力，借助形式来有效强化自身的管理地位。这样不仅能够显得更具威严性，还能够更好地了解员工的状态和工作效率，在恰当的时候给予对应的支持和建议，对错误和问题进行纠正和处理，提高管理者的威信。

学会特定的布置任务的技巧

在管理企业和员工的过程中，布置任务是管理者一项极为重要的权力，同时这些任务也能够推动各种行动的快速执行和完善。管理者的任务，通常可以采用文件形式或口头形式传达，但布置任务之后，令行禁止才是最重要的，如果任务无法得到有效执行，就会有损管理者的威信。

管理者需要注意的是，任务不能过于频繁，因为想让任务快速执行，就需要布置得契合实际。如果管理者不注意布置任务的技巧，朝令夕改、随意布置，不仅会让员工反感，还会使自身的威信受损。长此以往，就会导致员工不屑一顾，甚至离心离德，远离企业而去。

管理者在布置任务时，首先要做到的就是传达任务的同时传递一种信念：任务执行不能打丝毫折扣！这是对员工的一种震慑，也是一种展示威信的技巧。当然，这种不能打折扣的任务，前提是员工能够完成，而且要辅以相应的奖励制度。

其次，任务要清晰明了、重点突出，不求面面俱到，但求简洁清楚。这样的任务，才能够让员工快速了解到自己应该做什么、应该怎么做，也更容易让员工快速行动起来。如果任务毫无重点，会让员工感觉絮絮叨叨，而且不知所云，根本无法抓住任务的内容，从而无法执行。

最后就是要强调最终的结果，即管理者布置任务时，只需要告知具体做什么即可，不需要提出方法。布置任务的目的，就是要获得需要的结果，管理者若提出方法，可能不适用于员工，而且容易让员工感觉束手束脚；而强调结果不论方法的布置任务方式，能够有效激发员工的积极性和创造力，也能够有效提高管理者的威严。

学会时间管理，方能游刃有余

对于任何人而言，时间都是公平的。作为管理者，需要寻找志同道合的团队成员，还需要耗费心思融洽彼此的关系，同时需要为企业的发展和方向出谋划策，所以管理者时常会感觉时间不够用。

绝大多数管理者会认为，相对于员工而言，自己需要参与和处理的事务非常多，感觉时间很紧张。其实，管理者在带领团队、推动企业发展的过程中，并不是事无巨细全部事务都要参与的角色，而是一个引领者或掌舵者的身份。

企业就如同一艘巨大的船，管理者是掌控船航向的船长，而员工就如同船上数量庞大却极为重要的船员。管理者作为船长，没有足够的精力亲自参与船上的所有事务。

举例而言，船上有数量庞大的海员，每天都需要大量的食物补给，而海员之中有一批人专门负责每日在海洋中捕猎海洋生物作为食物。船长不可能亲自去捕鱼，但是必须告诉捕猎的船员，每天需要多少食物。同时船长也不需要限定捕猎哪种食物，因为这种事务，应该由捕猎的船员自主决定。

也就是说，企业之中的管理者，需要清晰摆正自己的位置，这样才不会被繁杂又琐碎的各种事务淹没。管理者的时间管理能力，就是基于摆正位置、清晰自身需要负责的事务之后，科学安排事务的处理顺序，以便不断提高工作效能。

优先处理关键事务

当管理者摆正位置、明晰自身职责后，会发现即便筛选掉了无数繁杂琐碎的事务，剩余的事务依旧非常多，如果赶上哪件事就处理哪件事，最后必然会变得手忙脚乱。

这就要求管理者在学习时间管理之前，先将手上的各种事务进行详细的优先级排序。最简单也非常有效的排序方法，就是广为人知的艾森豪威尔决策矩阵，也被称为四象限法则。这是一种思维模型，也是一种极为方便的分类排序手段。

将各种事务分为四类：第一类为紧急且重要的事务；第二类为不紧急但重要的事务；第三类为紧急但不重要的事务；第四类为不紧急也不重要的事务。

其中既紧急又重要的事务，通常是对于管理者、企业、部门和员工都非常重要的事务，而且会有时间限制。比如，需要在某个时间节点参与一场重要的洽谈会或合作会等。此类事务一般不会被管理者忽略，正常情况下也不会出现要处理的问题，最优先处理就可以了。

第四类事务既不紧急也不重要，通常属于管理者打发闲暇时间、放松思维的事务，如容易上瘾的各种视频、对企业发展帮助甚微的综艺娱乐等。这类事务，需要管理者自控，在其上少花时间乃至不花时间。因为这类事务也很容易辨识，主要依托于管理者的控制力，只要用意志力进行自我约束即可。

比较麻烦的是中间两类事务。不紧急但重要的事务，通常是非常关键的事务，其重要性与第一类事务不相上下，但是因为它不够紧急，所以很容易被紧急但不重要的事务影响。就如同管理者每天需要和员工进行沟通交流，这是建立深入人际关系的重要事务，可是在沟通交流过程中，可能就会出现不速之客、紧急电话、临时会议等事务，因为这类事务显得很紧急，所以会吸引管理者的注意力，管理者也就容易受到影响。

而时间管理能力较强的管理者，则不会被上述两类事务迷惑和影响，因为在明晰各种事务时，管理者就明白哪类事务才是应该全力以赴去做的，自然就会将时间用于处理更加关键的事务。

当然，在管理者带领团队的过程中，不紧急但重要的事务其实也能继续进行划分，然后才能够有针对性地分配时间。从管理者角度来看，企业之中不紧急但重要的事务主要分为两种：一种是处理事件，另一种是管理人员。

依旧以管理者与员工的沟通交流、建立深入人际关系为例，如果沟通过程中，内容主要是相关工作的进度、工作的效果等，就属于处理事件的范畴；如果沟通内容是工作困惑、人员搭配、任务和计划方向等，就属于管理人员的范畴。

相比较而言，管理人员其实更为重要，因为将人员管理好，人员就能够辅助管理者管理事务，工作效率也会更高。这就需要管理者能够将更多时间分配到管理人员的事务中，以便让员工成为管理者的最佳助手。

团队协作时要避免无效沟通

管理者在带领团队的过程中，除了各种罗列出的事务之外，还有一项和团队成员息息相关的事务，那就是引导团队协作。而多数管理者达成这一目的的方式，就是召开团队会议。

通常情况下，引导团队协作的会议，管理者最核心的目的就是根据团队特性，寻找完成任务、解决问题的方案。可是，有很多管理者召开的会议气氛沉闷、效率低下，这种会议也就成了完全无效的沟通！

造成这种后果的原因，一种是管理者自身的惰性，即并没有深入分析寻找方案时的各种细节，而是完全依托会议上的“七嘴八舌”，和没有经过深思熟虑的最终投票，来确定一个没有人知道效果的方案。

另一种则是源自管理者自身的局限性，即管理者已经有了决定，但是为了让员工增加参与感，也为了让员工感受到重视，所以才召开会议，可是最终的决定和方案，依旧没有任何改变。这种会议不但浪费彼此的时间，而且对最终的决策没有任何帮助，甚至可能因为管理者个体的局限性，出现不可预知的问题。

作为管理者，要想实现高效时间管理，就必须避免无效的沟通，可以尝试召开头脑风暴会议。需要注意的是，头脑风暴会议，也需要遵循一定的原则，否则同样会出现浪费时间和无效沟通。

在头脑风暴会议过程中，管理者需要先明确两个原则。一个是收集意见或建议，要保持不批评、不深化讨论的原则。不批评是为了让员工能够集思广益，发表各种各样的看法；不深化讨论，则是为了避免耽误过多时间，这样管理者就能够借助会议，收集到广泛又全面的各种信息。

另一个是对员工所提出的具体建议和想法不要着急否定，尤其是一些在处理其他事务时已经失败的建议和想法。虽然这种方案失败过，但是针对的问题和事务不同，方案的具体效果也会有所不同。

收集到足够的信息和方案之后，下一步就需要管理者对信息和方案进行筛选、补充、完善。这同样可以采用会议的方式，但应压缩信息筛选和完善的时间，要求与会人员充分考虑各种问题，尽量形成共同认可的决策；让全员分别站在不同角度去认识问题，以便补全方案；如果会议结束依旧有新的问题出现，则可以再针对问题召开新的会议。

在推动团队协作过程中，通过目的明确的会议形式，管理者就能够更加有效地避免无效沟通，自然也就能够节省时间。

随机应变，审时度势化危机

通常情况下，很多事情的发展过程并非一帆风顺，而是会遭遇各种各样的变化，甚至有时变化会给事情带来巨大的危机和障碍。

企业的发展过程更是如此。市场环境瞬息万变、客户需求层出不穷、竞争对手变幻莫测，都要求企业时刻警惕各种危机；不同的员工同样有不同需求、不同价值观念、不同行为习惯，所以同样会产生各种各样的矛盾和问题，甚至可能给企业带来危机。

这就要求管理者拥有处理突发事件和应对各种危机的应变能力。只有这样才能够妥善处理各种问题和事件，减少企业的损失，最终化解掉各种突如其来的危机。

企业应对市场危机时，具体的对策和方式，通常以企业集团的形式予以呈现，但其核心，却是管理者应对危机时的应变能力的延伸，而且这种应变能力并非一蹴而就，而是需要从多个层面着手逐步完善。所以作为管理者，必须不断培养和锻炼自身应对危机的应变能力。

获取应变能力的前提是责任心

管理者想要获取应变能力，就必须有意识地培养自己的内在核心动力，而这种核心动力，就源自管理者足够的责任心。不仅是对于企业的超高责任心，还包括对于企业员工的责任心，另外还需要拥有企业对社会的外在责任心。

如果没有这份责任心，就无法有效培养处理危机的应变能力。毕竟一个不负责任的管理者，不可能对各种问题和危机提起重视。

拥有责任心之后，管理者在内心深处就期望对企业负责、对员工负责、对社会负责，这就决定了管理者不会搞一言堂，而是会虚心听取各种意见和建议，并积极应对各种变化，让整个企业求同存异、茁壮成长和快速发展。

这种责任心不仅能够让管理者拥有更加宽广的胸怀，还能够让管理者拥有更加吸引人的魅力，更能够让员工更加信服和敬佩管理者。当企业外部或内部遭遇危机时，也会自然而然从企业角度、从社会角度、从员工角度去看待问题，也就更容易获得各方面的支持。

提高判断能力，树立危机意识

拥有应变能力之后，管理者还需要有意识地提高自己的判断能力，因为绝大多数时候危机来临之时，都会拥有一些细微的征兆。管理者想要游刃有余地应对各种突发事件和危机，就需要借助超强的观察能力和分析能力，辨别各种事件背后的底层逻辑，寻找和判断出可能存在的危机的蛛丝马迹。

管理者的观察能力和判断能力，源自自身的知识底蕴和见微知著的眼界。这通常需要管理者不断完善自身的知识体系，结合整个社会的发展与变化，才能够不断从事件之中发现特定元素，并将其与企业的发展相联系，最终获得敏锐的洞察力。

要想培养足够的应变能力，除了拥有敏锐的洞察力之外，还需要管理者树立起足够的危机意识。孟子曾说："生于忧患，死于安乐。"对于企业而言更是如此。如今的社会竞争极为激烈，如果没有足够的危机意识，企业则会沉沦于平稳之中无法前进。

张瑞敏带领着海尔集团，一直"战战兢兢、如履薄冰"，甚至时常告诫员工"海尔离倒闭只有一天"；比尔·盖茨一直认为"微软距离破产只有 18 个月"。任正非也一直小心翼翼地带领着华为，他曾说："我十年来天天思考的都是失败，对成功视而不见。"

还有很多延续数十年乃至百年的企业，一代又一代管理者都具备极强的危机意识。这种居安思危也让他们拥有了很强的应变能力，使他们能够在遭遇突发事件乃至巨大危机之时冷静对待，妥善处理，最终推动企业继续发展和壮大。

学习危机处理知识，提升应变能力

拥有足够的判断能力和危机意识，并不代表管理者在遭遇突发事件或危机时能够有条不紊地处理和解决，因为还需要依托足够丰富和系统的危机处理知识，因此作为管理者，还需要不断学习各种危机处理知识。

最基础的危机处理知识，就是要借助洞察力、判断力和危机意识，在察觉到问题和危机的那一刻，就及时进行处理，而不是拖延和等待。尤其是一些企业内部出现的矛盾和冲突，更应该尽早处理，将其扼杀在萌芽状态，以确保矛盾和冲突不会发展为无法掌控的大危机。

同时，作为管理者还需要注意，危机处理知识并非固定的知识体系。绝大多数危机和问题的处理，都需要根据外在环境、市场发展、企业特征等的变化不断完善和更新，因此管理者必须不断吸收各种知识，以便让自己的知识体系更加庞大和全面。这样才能够确保遭遇危机之时，能够灵活应对。

因为很多危机和突发事件都具备很多不确定性，而且通常都非常复杂，所以作为管理者，在处理这类事件或危机时，就不能过分墨守成规，而应该凭借自己所拥有的知识体系，以灵活多变的思路去解决。管理者可以在日常企业运行过程中，积极处理突发事件或小型危机，以便积累应变技巧。同时需要在处理危机和突发事件之后，注重反思和复盘，寻找更加简易有效的应变手段。多参与突发事件或危机的处理，才能够不断提高自己的应变能力。

团队篇

独木难支，知人善用

团队中人才是根基：挖掘人才

管理者在建立企业和团队的过程中，不仅需要不断提升自己的管理能力，同时需要知人善用，毕竟任何人都无法独立支撑起一家企业。只有挖掘到足够的人才，建立起优秀的团队，才能为企业创造更多的价值。

从古至今，挖掘人才都是管理者极为重要的一项能力。唐朝韩愈的《马说》中，曾有一句极为经典的话："世有伯乐，然后有千里马。千里马常有，而伯乐不常有。"其中的"千里马"，可以视作各类人才，而"伯乐"就是能够挖掘出人才的管理者。任何企业从组建到发展，必然需要各类人才的支持，管理者只有借助人才的帮助和辅助，才能够架构起完善的企业。

不过，不同的人才，挖掘的手段也会有所不同。这一方面需要管理者拥有识才之能，即善于发现人才的优势和能力，结合企业需求和发展需求，把人才放到合适的位置；另一方面还需要管理者拥有挖掘人才的手段，管理者必须了解清楚人才的核心诉求，通过满足人才的诉求来换取人才的跟随。

福特公司成立于1903年，发展至今已经拥有百余年的历史，如今更是世界500强企业中的佼佼者。其旗下的福特汽车和林肯汽车等品牌，都是非常著名的汽车品牌。福特公司能够连续发展百余年，和其强大的人才挖掘能力息息相关。

有一次，福特公司有一台汽车的发动机出现了问题，公司的创始人福特召集了内部所有的顶尖工程技术人员，但都没有将发动机修好，甚至都没有发现具体的问题在哪里。

后来福特听说有一名从德国流落到美国的工程技术人员非常厉害，虽然就任于一家小工厂，但是对汽车发动机了如指掌，应该可以找到福特公司汽车发动机的问题。于是，福特花费高薪，请来了这位看似不起眼的工程技术人员——斯坦曼。

斯坦曼来到福特公司之后，尽职尽责地仔细寻找发动机的问题。很快地就把问题找了出来，并且用粉笔在发动机上把出现问题的地方圈了出来，写下："这部分的线圈多了 16 圈！"

本来，公司的工程技术人员都有点不信，因为这看起来的确很儿戏，只是绕着发动机看了一圈，就把他们没有找到的问题找到了，而且极为简单地提出了解决方案。但是实验过后，当将圈出的那一部分线圈去掉 16 圈，发动机马上就正常运转了。

这让一群工程技术人员非常佩服，福特更是感觉自己很幸运，竟然挖掘到了一位特殊的人才，于是决定将斯坦曼聘请到福特公司。哪知福特找到斯坦曼洽谈后，斯坦曼认真思考后说："我不能见利忘义，当年我在德国被人排挤，不得不流落到美国，穷困潦倒的时候，我所在公司老板将我招聘到公司，我才有了如今的好生活，所以没有办法！"

福特听了斯坦曼的回答，认识到这的确是一个知恩图报，而且才能很高的人才。为了不让斯坦曼为难，福特直接找到斯坦曼原公司的老板，用高价收购了他的公司，之后又找到斯坦曼说："你供职的公司已经被我买下，这下你可以来福特公司工作了！"

为了得到一位难得的人才，福特竟直接将人才所在的公司收购了，这种求贤若渴的举动，就是福特挖掘人才的手段。如今的市场竞争极为激烈，同类型同种类的企业更是层出不穷，而企业之间的竞争，归根到底还是人才的竞争。不论是哪个领域，发展壮大之后必然需要各层面的人才。拥有匹配企业和岗位的各种人才的企业，才能够获得更强的实力，从而在激烈的竞争中独占鳌头。

那么，作为管理者该如何将人才挖掘到自己的企业，让其成为企业团队中扎实的根基呢？

舍得“千金买骨”

《战国策》中，有一则“千金买骨”的故事，说的是一位国君非常渴望买到千里马，于是令一名侍从外出寻找，经过一个多月终于找到了一匹千里马。可惜这匹千里马已经死去，但侍从依旧用千金将马骨给买了下来。

当侍从带着马骨面见国君时，国君非常生气。侍从却认为，只要稍微宣传，让人们知道国君为了获得千里马，不惜千金购买马骨，肯定会有很多人将千里马送来的。国君听后也非常认可。在之后的一段时间，不断有人亲自将千里马送到国君这里，国君得到了一大批千里马。

“千金买骨”看似糊涂，却为如今的人才挖掘设置一个前提：如今的管理者想要挖掘人才并留住人才，就必须诚心诚意，而诚心诚意最基本的表现，就是要给予足够吸引人才的薪酬。

通常我们看到一些报道中，都会有某某企业“高薪”聘请某人才，其根本就是作为管理者要舍得花钱，给予对应人才足够好的待遇，这样才能够体现出管理者的诚心。这也是绝大多数人才得以留存并甘愿为企业奋斗的源头。有时这种舍得心态，还能够广泛吸引人才主动前来。毕竟，只有给予人才足够丰厚的薪酬待遇，确保人才经济有一定保障，对方才能够更加安心地工作和奋斗。

当然，舍得“千金买骨”，在现代社会应该理解为实行足够的物质激励。物质激励的形式多种多样，不仅仅只有高薪酬，还包括高分红、高奖金、公司股权等多个方面。具体需要给予哪类物质激励，需要管理者根据公司情况、人才性格等进行灵活调整。

挖掘痛点，留住人才

当然，管理者想要挖掘人才，并让人才心甘情愿地为企业效力，仅仅依靠好的物质激励还是不够的。有些人才可能并不注重物质奖励，但极为关注某些特殊层面的奖励，这就需要管理者善于挖掘人才的痛点（人才急需满足的需求），通过满足对方的痛点来留住人才。

福特在挖掘斯坦曼时，斯坦曼就并不注重物质奖励，但是极为知恩图报，所以福特最终才以合理收购的方式，将斯坦曼的公司打包购买到旗下，最终挖掘到斯坦曼这位特殊的人才。

其实企业发展过程中，很多特殊的人才都有其非常独特的需求。作为管理者，必须了解对方的核心诉求，并通过满足对方核心诉求的方式，挖掘人才的痛点，最终才能留住人才。

比如，有些人才并不太注重物质奖励，但是极为渴求他人的认可，尤其是对他们所珍视的技能或能力方面的认可。那么在这类人才出色完成企业的任务时，作为管理者就要真诚地庆贺、给予奖励，充分认可他们的能力。最好还能够将这份认可分享到企业内部，使其获得更多认可。

又如，有些人才其实已经达到了自身能力的极限，虽然看起来好像不求上进，但其实根源是他们已经达到顶端，开始追寻工作与生活之间的平衡。作为管理者，对于此类人才不能仅给予精神激励，而是应该尽可能发挥他们的经验和阅历优势，挖掘他们的价值，给予他们在工作和生活中寻求平衡的机会。

再如，有些人才本身拥有较强的潜力，但是性格却有些不温不火。

他们同样渴求进步，但无法自主打破舒适区。这时作为管理者就需要成为引导者，给予他们足够的发展机会，包括对应性培训、尝试性决策的机会等，推动他们继续进步和提高，并在提高之后再次给予相应的物质奖励和精神奖励。

面对不同的人才，管理者应该有针对性地挖掘其痛点，这样才能够既满足人才的核心需求，又尽可能挖掘出人才的潜力和优势，并将这种优势应用到企业发展之中。

用人不疑，疑人不用：信任人才

中国有句俗话叫“用人不疑，疑人不用”，说的就是在挖掘和使用人才的时候，给予对方足够的信任，如果不信任对方，那么干脆弃之不用。这不仅是中国古代经典的用人观念，还是当今社会各个企业和管理者的用人基础。

松下幸之助在25岁时创立了松下电器。最初松下电器以制造插座为主业，之后才慢慢扩大经营范围和制造范围。虽然当时的松下幸之助还很年轻，但他是一个非常善于用人的管理者。

松下幸之助首次尝试用人不疑，就是公司制造产业开始大幅度增加的时候。当时很多公司都会用一种隐秘的烧制材料配方来制作各种材料，绝大多数公司都会将这个配方保护起来，严加看管，避免被员工知晓。可松下幸之助却没这么做，他一反常规，将配方对自己的员工开放，甚至对于刚刚进入公司的员工，也会毫不保留地将配方传授下去。

松下幸之助的不少朋友和公司合作者都有些担心，害怕员工会将配方泄露出去。但是松下幸之助认为，信任自己的员工，才能够真正获得为企业着想的人才，处处防备根本无法让公司壮大，而且只要向员工说明情况，相信员工不会为了一个配方而背信弃义。

事实验证了松下幸之助的信任的确影响了企业员工，而且是正面影响：新进员工感觉自己受到了信赖，因此工作热情非常高涨，所以一段时间过后，公司不仅没有出现泄密事件，公司的生产效能还得到了大幅度提高。

松下幸之助对人才的信任态度，不仅让公司的发展更加顺畅，还使整个公司的工作氛围更加积极向上，同时更容易发掘出更多的人才。随着松下幸之助的成长，他对“用人不疑”的认知也更加精准。

当松下电器逐渐扩大制造规模之后，因为需要到其他地方开拓销售市场，所以急需营销人才。松下幸之助没有选择已经有足够资历和经验的老手，而是选择了一位仅有两年工作经验的年轻人，而且这位年轻人的学历还仅仅是中学毕业。

当年轻人知道自己成为代表公司到开拓地发展的负责人时，内心同样有些发虚，因为他毕竟经验较少，而且学识不够。这时松下幸之助找到他，只说了一句：“具体营销手段和方法，只要你认为对就可以去做，你虽然年轻，但是已经有两年工作经验，而且这个年龄在古代早已是开疆拓土的大将年龄，我相信你一定能够做好！”

年轻人非常受鼓舞。他非常感激松下幸之助的信任，开始带着自己的两个助手加班加点努力，很快就在当地站稳了脚跟，为松下电器开疆拓土奠定了扎实的基础。

其实，松下幸之助之所以会选择和信任一个年轻人，是因为这个年轻人朝气蓬勃，而且本身就拥有很强的责任心和自觉性，只是信心稍有不足，轻微的鼓励和信任，就能够最大限度挖掘出他的潜能。而有资历和经验的老手，进取心相对不足，习惯稳中求胜，并不适合开拓新市场！

用人之前先识人

中国地大物博、人口众多，因此人才数量自然也十分庞大，也就是说如今并不缺少人才，适合企业领域以及不同岗位的人才大量存在，但是不同的人才其特点也有所不同。有些人才非常出众，宛若明珠，很容易就可以挖掘出来；但有些人才则属于“明珠蒙尘”的状态，没有慧眼根本就无法发现。

所以作为管理者，在用人之前必须先学会识人。

识别人才不能仅看人才的能力，同时还需要去辨识人才的品性、言行、德行等，即管理者需要具备透过表象看到本质的慧眼。这双慧眼决定了你挖掘到人才之后，能否更好地利用人才。

从企业角度分析，增强识别人才的能力，是为了最大化挖掘人才的能力来为企业效力，使企业的人才储备、组织架构更加完善，以便推动企业不断前进和发展；从事物发展角度分析，识别人才之所以不能仅看能力，主要是因为能力只有用到正处、用得恰当，才能够发挥效能。如果人才的品性等不契合管理者和企业特性，再出色的能力，也将无法发挥。

作为管理者，用人之前必须先学会识人，最基本的就是要寻找和挖掘人才的优势，既包括人才的能力、知识和技能，又包括人才的性格、价值观和道德理念等。这些都需要管理者通过多方面的验证和认识，才能够获得最精准的评价。

挖掘出人才的优势之后，管理者还需要拥有精准用人的能力，能够将人才放到最适合的位置，只有这样才能够充分发挥出人才的作用。人才在最合适的岗位、平台，才能将自己的优势全部发挥出来。

用人之时应绝对信任

管理者识别出适合岗位或平台的人才后，下一步需要高效配置人才。很多人才本身拥有很突出的优势，但同时会有其短板，这就需要管理者为其匹配不同才能、不同专长的其他人才，以便形成人才团队，突出彼此的优势、弥补彼此的短板，这样人才的作用才能充分体现。

在真正将人才配置到具体岗位或平台后，管理者还需要给予人才绝对的信任，不要随意指手画脚。最好能够给予画龙点睛般的指点，以便推动人才在岗位上不断精进自己的才能。

郭总在商圈打拼多年，逐渐将自己的企业拓展为多领域业务齐头并进发展的状态。前一段时间郭总刚刚收购了一家因为受到市场冲击，导致业务内容骤减的音乐公司，打算以此为跳板，将企业的业务领域拓展到音乐领域。这也是为了圆郭总自己的一个音乐梦。

因为收购的音乐公司本身就具有不菲的实力，所以郭总并未对新公司进行大刀阔斧的改革，而是将公司人员一起进行了打包，继续在公司内部发挥才干。不过，整个音乐公司如今还欠缺一个能够引领公司发展和改变的管理者。

郭总的企业智囊团根据考察和分析，向郭总推荐了数个适合带领音乐公司的人。其中绝大多数是具有很强音乐专业素质的人才，只有一个名不见经传的人，甚至连音乐专业领域的知识都不具备。

本来，企业智囊团只是感觉这位名不见经传的人，拥有极强的团队带领能力和人才潜力挖掘能力，所以才将其列入其中，没想到郭总在仔细分析之后，毅然决然地选择了这位名不见经传的人作为音乐公司的管理人。

这个决定受到了企业智囊团的质疑，甚至有一次这个人在参与音乐公司未来发展道路的分析会上，连最知名的当红歌唱明星都不知道，更别提在音乐领域有多高的见解和专业能力了。

可郭总并未对此事进行妥协，而是给予了这个人极大的支持，并力排众议让他全权对音乐公司的事务负责。企业智囊团无法改变郭总的决定，甚至还因此与郭总产生了一定间隙。没想到这个人进入音乐公司仅仅一个季度，整个音乐公司就发生了翻天覆地的改变，不仅其中的各个人才的能力和实力，得到了最大化的发挥，而且音乐公司的业务量也开始逐渐增多。

音乐公司的业务反转，让企业智囊团很是惊异，于是询问郭总为何会出现这样的结果。原来，郭总所看重的，就是这位人才的管理能力和识人用人的能力。音乐公司是打包原有人才被收购，相对而言这批人才对公司的情况最为了解，音乐专业人才根本就不欠缺，之所以会出现音乐业务无法维系的情况，最根本的原因是原公司的管理者音乐专业素质较高，却对整个音乐业务市场的了解不足，为了让公司的人才听从命令，所以采用了强压式管理，从而导致了整个公司的人才一直处于无法发挥实力和能力的尴尬局面。

郭总专门选择没有音乐专业素质的管理人员进驻，就是渴望借助他的管理和识人能力，将公司内部的人才充分挖掘出来，并为他们匹配最适宜的工作岗位，充分发挥出公司内部人才的主观能动性和专业能力。

郭总选择的管理者，善于挖掘人才并充分激发人才的潜力。他虽然没有足够的音乐专业素质，但是对人的管理却极为娴熟，完全从管理人才的角度出发，自然就能够极大激发原公司人才的能力，从而推动着整个音乐公司逐步走上了正轨。而且，郭总在选择管理人才之后，对其完全信任，并没有插手去随意指点。这份信任也使得这位管理人才能够充分发挥自己的管理能力，从而挽救了音乐公司，让郭总的音乐梦得以逐步实现。

“用人不疑，疑人不用”，是管理者信任人才并充分发挥人才实力的最佳做法。而想与人才建立良好的信任关系，管理者必须先赢得人才的信任，最简单也最有效的做法就是懂得放权，将自身的权力充分给予人才，相信他们能够做好。这样才能让人才行事无障碍。

实干者必不可少

在企业之中，通常会存在两种截然对立的人才，他们极具代表性。一种是看起来非常实在，做事也极为踏实，不会将多余的时间运用在人际交往方面，而是将绝大多数时间和精力用在工作做事方面的人才，因此也被称为实干者。

另一种是个性活跃、人际交往能力极强，但并没有多少实干能力。这种人通常协调能力和灵动性较强，而且极具眼力，因此也被称为务虚者。

这两种截然不同的人才，在企业之中占据非常庞大的比例。管理者在引领企业发展的过程中，一定要维持好这两种人才的平衡，否则可能会阻碍企业发展。缺少实干者，整个企业的发展进度必然会变慢，甚至会停滞不前，因为实干者是真正推动工作任务顺利完成的功臣；而缺少务虚者，企业难以形成热情洋溢的氛围，企业内部的人际关系可能会一团乱麻，无法形成团队凝聚力，自然也就无法推动企业不断前行和发展。

实干者在企业中的无奈

在企业之中，实干者通常因为不善于协调人际关系，习惯干实事、容易较真，所以通常责任心较强，容易不顾及管理者的需求。同时他们不善于领会不同管理层的意图，不屑于各种形式主义，所以容易与管理者发生理念冲突，甚至有时会因为某些事和管理者对峙。

这就造成很多时候企业中的实干者，虽然拥有强悍的工作实力和工作成绩，但是非常容易被他人嫉妒，甚至会被管理者误解乃至打击。有些时候，务虚者借助自身的协调能力和强大的人际关系，抢夺实干者的功劳。最终就会出现实干者做好了工作，做出了成绩，但是功劳却被务虚者获得，甚至有时因为实干者做的事更多更广，某些不是他们做的事出现问题后，也会成为背锅的人。

加上绝大多数企业中的管理者，自身事务繁忙，不是奔波于各处，就是流连于各种会议，实干者又不善于和管理者沟通交流，自己做出的成绩也不一定会汇报，这就给了务虚者很好的机会：通过弯道超车的方式，获取功劳，撇清责任。

其实这本就是企业之中最为常见的职场竞争，只不过实干者虽然空有一身实力，能力出众，却因为不善于和管理者沟通交流，只习惯于在工作中不断付出和做事。

如果遇到识人能力不强的管理者，就会给务虚者极大的操作空间：最终实干者的成绩，被务虚者窃取，管理者忙碌于各处，根本无法看到实干者的付出，从而使整个企业无法形成公平竞争的环境，实干者空有才能，却不被重视也不会被提拔。

当付出与回报出现巨大偏差，实干者不断被误解和打击后，自然而然就会心灰意冷，最终只能远离企业，逃脱这个乌烟瘴气的牢笼。如果这样，企业的人才必然会出现流失。当企业中实干者越来越少时，企业的发展自然就会出现问题。

当然，如果企业管理者能够明辨是非，能够以事实论英雄，那么企业的发展路上，也会拥有更多的转机。

千万别忽视实干者

管理者在带领企业发展的过程中，千万不能忽视实干者，因为从企业角度来说，实干者是真正推动企业不断前行的重中之重。实干者对事业和企业有很高的忠诚度和很强的责任心，他们一心实干，工作认真，是非常优秀的企业人才。

虽然有时实干者会因为个性原因，使管理者丢面子，但是作为管理者应该冷静去思考，只要实干者在主观上没有恶意，没有故意与管理者对立，那么就应该给予他们足够的宽容，包容他们的“个性”，尽量满足他们的合理要求，以便实干者充分发挥自己的能力。

如果在企业发展过程中，实干者遭受误解或打压，管理者在发现这种情况后，就应该先查明这种误解或打压，到底是不是有人刻意为之。并从企业发展角度着手，给实干者一个交代，确保实干者能够拥有一个良好的发挥能力的环境。

当然，管理者还应该给予实干者相应的报酬和奖励，尽量为实干者提供一个舒适的工作氛围，充分挖掘和发挥他们的实干精神和实干能力，着力推动企业快速发展。

不要忽视任何人才

管理者在建立企业、构建团队的过程中，需要源源不断地挖掘和感召员工。这些员工之中，必然人才济济，但是深入了解之后，你就会发现每个人都不可能是全才。

可能会有少数人才拥有较为均衡的才能，但绝大多数人只是在某一方面具有较高的才能；还有少数人才是某一方面能力非常强，但在其他某些方面有较大缺陷，这类人才则属于偏才。

作为管理者，不能忽视任何人才，要明白偏才也是人才，因为偏才只要运用得当，甚至能够成为企业之中非常重要的顶梁柱。尤其是一些需要突破和颠覆的任务，恰当的偏才完成起来可能更加轻松，也更加顺畅。

其实在这个世界上，每个人都或多或少有一些自身的优势，同时在某些方面也有一些缺陷。例如，爱因斯坦作为全球著名的科学家，智商超高又极具研究能力，但是在生活方面和为人处世方面却有所欠缺。

在企业之中，同样会有各种各样的偏才，他们可能在某一方面极为出色，但在另外一些方面却十分糟糕。这类偏才可能很多管理者不愿重用，但如果真的将偏才放到某些合适的位置，却可能会为企业带来极大的改变。

老墨近一段时间在公司发展得非常不错，因为老墨拥有非常扎实的知识文化底蕴，涉及的知识领域也非常广泛，所以如今是公司新近涉足的直播业务领域的领头人。

虽然老墨进入了直播业务领域，但是事实上老墨根本不擅长与人打交道，平时也是非常少言寡语的状态，通常习惯一个人阅读各种各样的图书。之所以让老墨进入公司的直播业务领域，是因为公司领导者在前几年入驻直播领域时，进行了内部筛选，老墨竟然过五关斩六将，成了公司首批开始直播的主播。

老墨不擅长与人打交道，甚至在日常少言寡语，看起来好像根本不适合做主播，毕竟主播需要在直播间不断和人沟通交流。但老墨的才能完全“偏科”，那就是虽然他不善于和人面对面打交道，但是却非常擅长一对多的培训式沟通，而且时常会金句不断，甚至出口成章。

这完全得益于老墨自己的成长经历。老墨是英语专业出身，从校园毕业之后就进入了公司，成为公司的一位培训专员，而且通常面对的是一批外国客户，所以拥有一口流利的英语，同时有着很强知识底蕴的老墨，很快就在公司培训领域站稳了脚跟。

其实老墨能够在公司做培训专员，主要是因为他的家庭经济条件并不太好，所以在高校上学时，他就一直逼迫自己外出打工，以便补贴家用。恰好他喜欢看书又拥有非常庞杂的知识底蕴，所以摸索出了一条最适合自己的发展道路，那就是给老师的外国朋友们提供专业的翻译和讲解，包括一些极具文化底蕴的景点讲解，一些相关历史故事的讲解。

久而久之，老墨就拥有了非常娴熟的英语沟通能力，而且是专业领域的知识普及。后来毕业之后，老墨成为培训专员后，同样锤炼了非常娴熟的沟通能力。好在这种沟通更偏向于他的独自演讲，所以老墨并不排斥，而且还乐在其中，时不时会将自己的一些独到见解、感悟等，以培训的方式灌输到听众耳中。甚至因为这种独特的培训手段，成了公司非常知名的培训师。

数年之后，公司开始搭乘直播这辆快车，并在全公司提出了筛选标准。而且，因为公司培训业务的紧缩，使得培训领域的发展前途不再明朗，老墨为了得到更好的发展机会，也决定报名尝试，不过因为老墨从未接触过直播领域的内容，所以对自己根本没多少信心。

可是在整个筛选过程中，老墨却发现自己竟然如鱼得水，既表现了自己娴熟的沟通能力和扎实的知识底蕴，又能够充分表现出自己潜在的幽默基因，让整个直播过程轻松又富有内涵。最关键的是，与老墨最初理解不同的是，直播其实根本不算交流，而如同一种潜移默化的广泛性培训，这完全是老墨这位偏才所擅长的。于是，老墨这个偏才逐渐在公司直播业务领域成长、发展，甚至成了公司直播业务领域的首席主播。

合理利用偏才

企业的管理者凭借自身的能力，能够不断感召各种各样的人才。有时这些人才之中会出现大量仅在某一方面出色，其他方面却平平无奇的偏才。

对于此类偏才，很多管理者都不会太过重视，甚至会放任而为，不给予关注也不给予支持，摆明一种放任自流的态度，这些偏才自然不会得到好的发展，有些可能会默默沉寂下去，有些则可能会直接离开企业。

其实，管理者对偏才的这种做法和看法极不妥当。即使偏才的能力只表现在某一个特定的领域或方面，但依旧具有很强的挖掘潜力，只要能够确保偏才的劣势或缺点不会影响到具体的任务或企业的发展，偏才的能力就能够为企业所用。

想要充分开发和利用偏才的优势，管理者完全可以在对偏才进行深入了解之后，洞悉偏才的缺点和劣势到底是什么，扬长避短，然后根据企业的发展，寻找最适合的岗位和任务予以运用。

例如，一个专业技术高超，但交际能力低下的偏才，管理者可以将其放到企业的研究中心或技术开发部，让其专职负责技术研发，减少偏才的交际活动，从而减少乃至避免其犯错。

又如，一个见人说人话、见鬼说鬼话，可以轻松自如地和任何人打成一片，但文案能力极低，甚至连字都写不好的偏才，管理者完全不需要将其压制在公司办公桌前，而是可以让其到外部开拓市场、挖掘合作伙伴等，以外部交际任务来充分发挥此人的能力。甚至一些工作汇报内容，都可以采用语言叙述的方式。

真正优秀的管理者必须拥有知人善用、量才而用的能力。偏才虽然缺点明显，但是优势同样极为突出，只要能够尽可能弱化其缺点，减少缺点可能造成的影响，充分挖掘和发挥偏才的优势，企业的发展和进步必然会有偏才的一份功劳。

借互补效应获全才

管理者在带领团队的过程中，肯定渴求能够挖掘一个各方面都极为优秀的“全才”，但事实是，世界上根本就没有绝对的全才。也可能会有整体能力比较均衡的多边形人才，不过这同样意味着这个人才，其实并没有绝对突出的一项优势能力。

既然无法寻找到绝对的全才，那么最简单的方法，就是管理者自己构建团队，借助互补效应，挖掘各种各样的偏才，通过不同偏才的不同优势、劣势，合理地进行排列和组合，最终以多个偏才为核心，打造出一个能够彼此互补、充分展现各方面优势的“全才”小团队。

也就是说，真正优秀的管理者，必须全面又细致地了解每个员工，不仅需要清晰地知道员工的出色技能、强势能力、心理特征、个性需求，同时需要洞悉每个员工的缺点、劣势、不足、潜力等。只有这样，管理者才能充分利用互补效应构建各种各样的优化组合，让一个个“全才”小团队为企业所用。

其实，很多时候偏才的劣势和缺点，完全可以依靠其他人才的优势和能力弥补完整，甚至可以让偏才的劣势不再是缺陷。如管理者完全可以让两个偏才彼此互补：一个偏才研发能力出众，但社交能力不足；另一个偏才交际能力极强，但专业技能不足，彼此搭配成“一主内、一主外”的团队，就完全可以称为极佳的人员结构。

而且，互补效应其实就是人才结构中的互补定律：借助不同人员在专业、素质、年龄、智力、性格等各方面的优劣，形成彼此相互补充的人才结构，完成人才资源的统筹和运用。

通常，人员年龄越大，性格越稳重，经验越丰富；人员年龄越小，激情和热情越高涨。同时，某项能力越强，在该领域的人才就越期望垂直发展。所以，在构建偏才组成的团队时，可以通过年龄特性，搭配出最佳的配合队伍。

如经验丰富、过分稳重的大龄偏才，在队伍中担任把控方向的掌舵手；配备年轻有为、思维敏锐，但比较冲动的偏才，作为队伍中的气氛带动者；再配上一位善于创新、乐于思考和敢于尝试新方法的偏才，作为队伍中的开拓者。三个偏才就能够形成一个多样化、彼此互补的典型“全才”队伍。

管理者在组合偏才的过程中，可以灵活一些，不需要拘泥于构建全面全能的团队，只需要打造尽量凸显偏才优势、弥补偏才劣势的团队即可。如果组合形式多样，则可以寻找其中最多边、最互补的组合，而且可以随着人才库的扩建，不断尝试新组合，以期最终打造一个“全才”型队伍。

这种手段，就是综合互补式用人之道。管理者完全可以作为引导者，塑造一个由各种偏才组成的人才群，借助合理的优化组合，让所有的偏才都能发挥出自身最大的优势。这样的人才群自然能够取得更好的成绩和突破。

人才多多益善，但用对才是关键

任何一个企业的发展，都是从无到有、从小到大的艰难过程，其中虽然企业管理者最为重要，但是想要让企业一步步发展起来，并在竞争激烈的市场站稳脚跟，甚至最后成长为一个市场中的霸主，企业中的各种人才都是不可或缺的。

不论是哪种企业，不管涉足的是哪一领域，没有人才的加盟，企业必然会逐渐失去生命活力，最终被市场淘汰，因此作为管理者，必须明白一个真理：人才，永远是多多益善。

企业拥有了人才之后，管理者还需要拥有足够的手段和能力，统领并合理运用这些人才。否则人才在手也只能明珠蒙尘，对企业的发展不会起到丝毫促进作用。

作为企业的管理者，起用人才的时候，就要放开手脚，不必局限于各种各样的“用人观”。只要能够用对，人才在企业中就能发挥很大的作用。

就如同在企业中，会划分出多种多样不同水平乃至不同领域的岗位，管理者虽然能够挖掘到很多人才，也会对企业发展的方向和目标进行调整、细化，同时会对企业的岗位需求和任务等进行了解，但是绝大多数管理者肯定没有在每一个岗位上都工作过，于是才有了“不在其位不谋其政”的说法。

其实管理者只需要确认，人才的能力范畴中有三分之一的能力水平适合该岗位，就可以大胆选用人才，因为剩余的职业能力，人才需要在岗位之上去获取、去锤炼、去完善。而想要用对人才，可以从以下几个层面实施。

能力是用人核心

有一些管理者在选用人才之后，会习惯性地以“资历”“关系”“辈分”等要素来衡量人才该如何运用。殊不知这种习惯，不仅无法将真正的人才运用得当，无法将他们的能力充分发挥出来，还可能会给企业的发展带来巨大障碍。

其实，真正符合市场发展规律，能够有效提高企业竞争力的用人核心，就是要注重人才的能力，而不是看重人才的资历、关系与辈分。只有敢于打破陈旧的论资排辈观念，不以关系论人才，只注重人才的能力是否适合企业的发展，破格选用各种看起来没有丝毫底蕴和资格但能力出众的真正人才，才有利于企业的发展和进步，才能感召更多人才前来投奔。

能力才是企业和管理者用人的核心，唯有看重能力的企业和管理者，才能够激发出人才不断进取、展现能力的热情，从而给企业带来更加强劲的发展动力，有效激发企业本身的生命活力。

例如，企业想要开辟一个新部门，以开拓外界市场，提高企业的市场竞争力。在某些管理者眼中，这个新部门的负责人，最佳的选择应该是在企业内部已经拥有一定资历和人脉的“老人”，毕竟这样的人才，不仅管理者知根知底，还对企业内部的状态最为了解，更容易适应和挑起这份责任。

但是，这个新部门想要真正成功建立，并快速切入市场扛起对应的压力，聪明睿智的管理者绝对不会选用“老人”，而是会从自己了解的新人才中，选择能力与魄力俱佳的年轻人。

因为相比较而言，绝大多数“老人”已经适应企业的发展，更希望稳中求胜，能力之中的锐气必然较低；而年轻的新人，思维更加灵活，普遍拥有“初生牛犊不怕虎”的锐气和探索心。从这个角度来考虑，自然是年轻的新人更适合开拓市场这项任务。

善用强才更显管理风范

管理者能坐上领导的位置，不论是智慧还是能力，都必然有出彩之处。但是在管理者位置时间长久之后，也容易出现一个非常常见的问题：受到权力的影响，容易刚愎自用，从而会认为不应该有员工比自己更强。

如果管理者有了这样的心态，那么企业走下坡路的期限也就不远了。其实，任何人再有能力，也不可能面面俱到，而且从古至今一直就有句警醒之语：人外有人，天外有天。

管理者需要拥有宽广的容人之心、谦逊的留人之能、豁达公平的奖惩态度、敢为人先的担当等能力。拥有这些能力的管理者，即使没有足够的专业技能，同样可以通过自身魅力，感召到拥有极强专业技能的人才。

因此，管理者应该时刻警醒自己，不要被虚无的权力蒙蔽双眼，在人才海洋之中，出类拔萃之人层出不穷，比管理者自身强悍的人才更是数不胜数。如果管理者能够遇到一位比自己更强的人才，那不仅是你的运气，更是你的福气，因为只要管理者能够运用得当，这位人才就能够为你和企业带来巨大的改变。

善于运用强于己身的人才，才是凸显管理者管理能力和管理风范的地方。任何管理者，都应该站在企业大局之处，去看待企业的发展和市场的竞争。管理者必须明白，管理工作并非对比到底谁的能力更大，而是要学会管理人才和用对人才。

这就需要管理者跳出员工的思维，从企业全局角度去看待所有问题。这时如果能够发现能力强于你的人才，你必然会欣喜若狂，因为只要运用得当，这位人才就能够为企业带来更大的收益，能够让企业发展得更好。

珍惜“逆才”

管理者带领企业发展的过程中，肯定会发现有些人才，能力虽然不错，但是时不时就会自作主张，甚至会违背管理者的某些决定或方法。有些管理者对于这类人才，选择弃而不用，换成用那些比较顺从的人才。

其实，企业之中这类时不时自作主张的人才，属于一种特殊的人才——“逆才”。当然，真正的“逆才”，不是对管理者有敌意，更不是和企业的发展对着干，而是因为他们拥有自己的行事规范，遇到问题时会从内心出发，提出很多本来是正确却让管理者听起来难受的逆耳之言。

管理者在运用人才时，一定要注意去分辨“逆才”。真正的“逆才”才华出众、胸襟坦荡，而且常常会直抒胸臆，不习惯拐弯抹角，渴望能够更快提出问题，从而更快解决问题。

如果管理者发现“逆才”提出的不同意见，的确符合企业的发展特征和遭遇的问题，而且对企业的发展有利，那么即使意见再逆耳，管理者也应该认真倾听、虚心接受。

很多时候“逆才”是企业非常珍贵的重宝。俗话说“忠言逆耳利于行”,“逆才”的作用正是如此。作为管理者，一定要珍惜此类人才，并敢于去任用他们，以便让他们发挥出自己更大的作用。同时管理者的容人之量和认可，也会让“逆才”感觉到自己的才能有了用武之地！

犯错误有利于更快成长

任何人在成长过程中，都曾经犯过错误，经历过各种各样的失败。年幼时，一次次跌倒、一次次碰撞之后，才让我们学会了稳健地走路……这些失败和错误，是我们人生路上不可或缺的重要经历，正是因为有了这些错误和失败，才让我们获得了成长。

企业的发展过程同样如此，尤其是在如今瞬息万变的市场环境下，要想获得长远发展，并在激烈的竞争中占据一席之地，企业就必然需要不断发展、创新、提高，否则就可能会被对手击败。

然而，企业在发展和创新的过程中，必然会进行探索和尝试，也就会有犯错误的可能，乃至有完全失败的可能。企业的发展，就如同人年幼时蹒跚学步的过程一样，脚下的路需要靠自己一步步走出来，而路上的荆棘、陷阱、坑洞、弯折等，都可能导致企业犯错或失败，同时会给企业带来巨大的冲击。但是，如果企业能够挺过去，就有可能获得巨大的收获，从而推动企业更加快速地成长。其实也恰恰验证了那句话："失败是成功之母。"

管理者犯错会推动企业快速成长

企业发展过程中，管理者作为企业的灵魂人物和领头羊，同样有可能犯下错误或遭遇失败，甚至可能导致辛苦创立的企业遭遇巨大危机乃至破产。但是管理者犯错之后，若能够重整旗鼓，挺过危机，就有可能推动企业快速成长。

如今很多知名的企业，其管理者在创业之时也曾犯过很多错误，甚至还曾经失败多次，但这些错误和失败也让他们积累了丰富的经验，吸取了充分的教训，从而使他们的企业在后续发展之中更加顺畅和警惕。

京东商城的创始人刘强东，在创立京东之前其实也曾进行过创业。但是那一次的创业经历，因为他的诸多错误，可谓败得一塌糊涂。

1996 年，尚在中国人民大学读大四的刘强东，看到学校附近有一家餐馆准备转让。他本就打算毕业之后创业，餐馆转让正是一个绝佳的机会，于是他就将自己在大学期间写程序赚来的钱，以及一部分向亲戚朋友借来的钱，都投入了进去，盘下了这家餐馆。

最开始的时候，因为餐馆初创，刘强东手上的资金也不足，所以员工的薪水都很低，员工也多数住在地下室，连工作餐都是餐馆里的各种剩饭剩菜。几个月过去，餐馆逐渐开始盈利，刘强东为了让餐馆更好地发展，不但给员工们涨了工资，还增加了工作餐，同时为了表现他对员工的信任，还将采购权、收银权都下放给了员工。

哪承想仅仅过了几个月，刘强东在一次查账时发现整个账面一塌糊涂：采购价格居高不下，收银的账面同样存在各处漏洞，根本就无法核算。原来，因为刘强东完全放权，后厨采购一直在偷偷提高菜品收购价格，从中获取差价；厨师和收银也谈起了恋爱，出餐菜品的价格、就餐的收价都混淆不清，根本就无法核对。整个餐馆亏空严重，不得已刘强东只能关闭了餐馆。

就这样，刘强东的第一次创业以失败告终。后来刘强东反思时才发现，餐馆之所以失败，是因为他犯了多个错误：第一错——专注度根本不足。虽然大四学业并不紧张，但毕竟依旧在学校之中，他的精力不能完全倾注到餐馆中，导致餐馆管理根本没有形成体系；第二错——管理能力不足，未形成管理监督体系。刘强东虽然创办了餐馆，但其依旧是学生，且毫无管理经验，为了留住员工，他没有对员工的品行进行考察，就直接选择了完全信任并放权，从而导致员工各自为政，又没有监督体系，所以员工自然开始为了自身的利益吸食餐馆的收益。

虽然餐馆创业失败，但刘强东的创业激情并未有丝毫消退，在毕业后经历了两年的磨炼后，刘强东再次创业，于是就有了后来的京东。而刘强东以前创业的失败经历和错误决策，在他管理京东之时也进行了针对性杜绝，也因此架构起了京东商城极正的核心价值观！

管理者在带领企业发展的过程中犯错乃至遭遇失败，虽然这对于管理者而言是一种重大打击，但也是一种深刻的教训和丰富的收获，因为每一次犯错、每一次失败，必然能够让管理者获得一定的成长，进而推动企业快速成长。

员工犯错推动企业创新

管理者犯错并及时进行修正，能够有效推动企业的快速成长。同时，企业内部的员工犯错，若其能够吸取教训并改正错误，同样也能够推动企业的创新发展。

在企业团队之中有各种各样性格和能力的人才，这些员工正是企业不断创新和发展的源头与动力。企业中，员工的创新对于企业的发展而言十分重要，这也是企业生命力的表现。

不过，创新发展的过程不会一帆风顺，尤其是在员工创新的过程中，难免会犯错误。基于此，作为企业的管理者，就应该对员工的错误和失败，有一个清晰和充分的认识，至少要拥有足够的魄力，敢于接纳员工失败，并鼓励员工进行创新。

创立于1911年的IBM，在电子计算机发展之前，经营的是数据处理设备，后来转向计算机以及相关的多样业务，发展已经百年有余，是全球最大的信息技术企业。

IBM在发展过程中，一直非常重视员工的创新能力，尤其是技术创新层面的员工，IBM通常都会给予非常大的包容度。21世纪以来，IBM的电子计算机产业已经非常完善，但在竞争激烈的市场中，想要一直占据一席之地，IBM就需要不断进行创新和提高。

基于此，IBM经常鼓励员工尝试创新项目，其中有一位高级技术研发人员，受到公司的鼓励也着手尝试自己的创新方案，可是在此过程中却出现了重大错误，导致整个创新项目失败，从而给IBM带来了千万美元的损失。

这位高级技术研发人员面对如此重大的错误和损失，不禁心灰意冷，他料定自己根本无力挽回这千万美元的损失，也估计到IBM一定会给予他极为严厉的惩罚，所以内心一直惶恐不安，计划在尽力帮助公司追回损失之后引咎辞职。

然而事情并未像这位高级技术研发人员想象的那样发展。在他尽力帮助公司追回一定损失后提交辞职信时，IBM董事长却并未同意，而是鼓励他继续进行研发，因为他的研究和创新方向并没有什么大的问题，虽然中途因为犯错导致了项目失败，但出发点并没有错误，创新失败本来就很常见。

而对于项目失败对公司造成的损失，IBM董事长也语重心长地与他进行沟通交流，决定让他继续研究，最好能够快他人一步取得成功，这样的成功自然就可以为公司挽回损失。

IBM董事长的决定，让这位高级技术研发人员感激涕零，也更加安心地进行研发，同时让他更加谨慎和细心。当他全身心投入研发之后，很快就取得了突破性的进展，没过多久突破性的进展就为IBM提供了更加宽广的发展之路。一段时间后，他的研发就给IBM带来了巨额的收益，原来因为创新和研发失败产生的损失，变得极其微不足道。

俗话说："三个臭皮匠，顶个诸葛亮。"企业发展过程中，需要睿智的管理者引领和掌舵，也需要无数才华横溢的员工，共同为企业的进步提供支持。员工的才能虽然不一定像管理者一样全面，但是他们更加专精，时不时就会有一些创新的想法，能够为企业的发展和进步提供极大的支持和启发。

从这个角度而言，作为企业的管理者，要善于鼓励员工创新进取。同时，创新的过程就如同开荒拓野，很多时候需要经历失败、挫折，方能摸索到正确的发展道路，所以管理者在鼓励员工创新进取时，也要有宽广的胸怀和足够的包容心，允许员工犯错、失败。

当然，管理者一定要在员工犯错和失败之后，积极去引导员工从错误和失败中吸取教训、学习知识、补全不足，鼓励员工继续进取。只有这样，员工才能够尽全力发挥创新开拓的精神，在错误和失败中快速成长，并为企业的发展带来全新的动力，从而推动着企业不断创新发展。

学会授权，激发人才的潜能

管理者作为企业的引导者和领头羊，自然也就拥有了其地位所带来的相应权力，虽然权力能够让管理者拥有更多的管理权限，但是权力是一把双刃剑，如果管理者一直紧紧抓着手中的权力不放，那么企业不仅无法不断发展壮大，还可能因为权力过于集中，导致管理者心神疲惫、无力支撑。

优秀又聪明的管理者，必须清楚地认识到企业的发展壮大，依靠的是团队的力量，而不是仅靠自身的力量。很多时候管理者应该将手中的权力，分成大大小小的部分进行授权，得到授权的员工自然而然就会承担起对应的一部分责任，也更容易将自身的才能发挥出来。

懂得授权的管理者，不仅能够将自己的精力集中到企业目标和发展方向层面，还能够更加轻松地实现企业整体的管理和把控；同时团队之中的各项人才，也能够有效分担管理者的压力和责任，从而让企业宛如一个整体，共同进步，共同铸就辉煌。

打破阻碍授权的障碍

有些管理者可能会认为，自己在带领团队、引领企业的过程中，因为对自己所组建的团队非常珍惜，所以通常都不忍心为团队成员增加更多的工作，自己在内心深处真心地在关心团队成员。于是就形成了，自己非常忙碌，毫无闲暇时间，而团队成员也同样异常忙碌，如果再给团队成员增加工作，心中的内疚感和平衡感就会不断侵蚀自己。

虽然管理者关心团队成员、珍惜团队成员是一种非常优秀的能力和品质，可是如果对团队成员的关怀，成为安排各种工作的障碍时，就会导致管理者不想放权、不想授权，最终很可能会造成不良的后果——管理者自己身心疲惫，甚至因为长时间高强度工作而出现懈怠和焦虑感，这样非常不利于企业的发展；团队成员则会感觉管理者对自身不够信任，长此以往会导致士气低落，甚至有些优秀员工会感觉没有提升空间和机会，从而与企业分道扬镳。

有这种心态和理念的管理者，必须警惕起来，并勇于打破阻碍给团队成员授权的障碍。因为管理者是心怀关怀和内疚，不希望为团队成员带来更多压力和工作，所以在打破障碍之时，就需要从两个层面着手。

第一个层面是消除你的内疚感。通常情况下，人们内心的内疚感有两种类型：一种是正当的内疚感，主要出现在违反道德规范等不良行为时，因为内心的责任心驱使，就会让你产生不适，从而心生愧疚，这种正当的内疚感能够有效避免我们出现不良行为；另一种则是不太正当的内疚感，主要是我们过多承担了责任，或者高估了决定会造成的痛苦，从而就容易出现不太正当的内疚感。管理者害怕团队成员承担过多工作而心生内疚，其实就属于不太正当的内疚感。

要消除这种不太正当的内疚感，需要管理者能够深入思考：如果这些工作，你本身能做，团队成员也能做，甚至团队成员还能完成得更好，但仅仅为了避免他们承载更多工作而自己承担，那这种自己挑起工作大梁的做法，就是错误的。管理者要清楚地知道，这种做法其实已经阻碍了团队的进步、企业的发展、自身的提升！

第二个层面是转变你的错误观念，不要认为将工作安排给团队成员会给他们带去负担，而应该从团队成员需求、企业发展状态等角度去思考。如果将工作授权给团队成员，能够完成得更好，同时又可以锻炼员工并促进他们提高，可以让员工获得更多的物质回报，那么授权给团队成员，必然能够让企业、管理者和员工都得到成长。

作为管理者，你需要认识到授权给员工的优势，同时要从另一个角度去思考问题：当你授权给员工，他们不仅能获得成长，获得回报，还能提高幸福感，从精神层面感受到管理者对他们的信任！

长此以往，管理者才能够将手上的权力分出去，从而全身心投入企业管理者应该完成的工作中，这样才有助于企业的发展！

学会授权的技巧

转变观念之后，管理者下一步就需要学会授权的技巧。

在授权之前，管理者需要先辨识清楚权力的大小，而权力的大小之分是基于管理者所处的位置：事关企业发展全局、整体性目标等方面的权力，就属于大权力；员工无法亲自决定的相关事件，需要由管理者亲自来决策的，同样属于大权力。

也可以理解为，涉及企业相关决策性的权力，以及带有垄断权、无管理者授权就无法运行的事件相关权力，通常都属于大权力。能够完全交由员工处理、执行操作的权力，则归属为小权力。

辨识清楚权力大小后，管理者还需要明确授权最终期望实现的目标，以及授权之后会涉及哪些事件内容，会影响到哪个程度和范围，同时需要将相关授权再进行细分，以便明确责任相关范畴。

下一步就是管理者选择授权人进行授权。因为将权力和责任范畴进行了细分，所以管理者需要与授权的员工进行沟通，明确授权过程中的问题和障碍，并达成初步共识，确保授权行为能够顺利完成。

授权结束后，管理者虽然不需要时刻关注，以表现自己对员工的信任，但相关阶段性目标和任务完成质量，依旧需要管理者进行追踪和检查，以起到一定的督促作用。当实现阶段性目标和完成任务之后，作为管理者还需要对整个授权过程进行自我评估，总结授权过程中的问题和不足，以便后续授权能够更顺利地进行。

需要注意的是，管理者授权之后，就需要把握好自身参与其中的度。对于授权者的各种决定和做法，不能过度干涉，尽可能以结果评价；同时在授权之时，作为管理者一定要清楚，对应的权力应该授权给谁，授权到何种程度，都需要明确。

管理者在引领企业发展的过程中，应该抓大权力，放小权力，将整个团队打造成一个极具凝聚力的拳头，以自身为中心，以各级权力为纽带，向结果和质量看齐。这样才能够让员工有归属感、有方向感、有责任感，对企业有忠实度，做事才能够更具积极性！

决策篇

正确决策，打造高效企业

管理企业就是目标管理

不论是企业还是个人，在成长和发展的道路上，都要拥有明确且能够不断变化的目标。对个人而言，目标是个人成长路上遭遇各种困苦还能绝不退缩的精神支柱和指路明灯；对企业而言，目标则更加重要，是企业想要发展、壮大、成长的核心驱动力。

从这个角度来说，目标对于企业而言就是方向、路径乃至行为准则。企业的管理者在管理过程中，并不是在管理企业、管理员工、管理自己，其核心还是进行目标管理。即以各种各样的目标，让员工、团队、自身乃至企业拥有极为明确的前进方向和源源不断的发展动力！

作为企业的管理者，如果在引领企业发展的过程中没有极为明确的目标，那么整个企业就会像毫无方向感的苍蝇一般四处乱转。幸运的话也许能够在多次碰壁之后达到终点，如果不幸运，那就可能导致企业无法继续发展。

因此，管理者在带领团队和企业的过程中，一定要明确自身的目标和企业的目标，并能够通过通俗易懂的语言，将目标表达出来，准确传达到各层员工之中。

虽然不同员工理解的企业目标也会有所不同，毕竟每个人占据不同的位置，所看到的风景和理解的目标也会有所差距，但拥有一个方向比较明确的目标之后，员工自发的行动也就会逐渐和企业目标对齐、靠拢，也就不至于毫无头绪地发展。这种对照性的目标和行动，也能够加强员工的自觉性，使其自觉克服各种困难，解决各种问题，从而帮助企业实现最终目标。

老乔在校园时代就是一个完美主义者，这种性格与他的产品设计专业相匹配，使得他经常为了实现更完美的产品设计，加班加点进行完善与修改。这种习惯自然也延续到了他从校园毕业之后的工作领域。

老乔毕业后就进入了一家产品生产企业工作。虽然最开始的工作岗位非常不起眼，但是老乔精益求精的精神使得他的产品设计经常会有意外之喜，让企业的产品不仅更具实用价值，还兼顾艺术性。

只不过可惜的是，老乔的这种完美主义，对企业而言，会极大增加生产成本。有一些设计想法需要大量实践和修缮之后才能够达到完美，这使得整个企业的生产线陷入被动状态，所以即便老乔的很多设计想法和方案都极具前瞻性和艺术性，同时还兼顾了实用价值和美感价值，其中绝大多数方案依旧没有被企业采纳。

经过一段时间，老乔逐渐成为该企业的首席设计师，可依旧有很多想法和设计方案无法被应用到产品生产中。与此同时，互联网时代的来临，让企业产品所在领域开始进入激烈的竞争状态，虽然企业经过多年的耕耘在市场占据了一定优势，但是因为创新性不足，导致企业快速走上了衰落的路子。

这时，老乔找到企业的投资人，决定以自己多年来积累下来的原始资本，收购企业的大量股权，从而成为该企业的大股东。投资人对老乔多年的表现极为了解，同意了老乔的做法，并表明会继续追加三年投资，以便老乔能够真正实现设计理念。

当企业易主之后，老乔开始正式带领设计团队，对产品进行完善和改良。在他精益求精的追求下，整个设计团队“痛并快乐着”，老乔甚至为企业制定了一个终极目标：实现产品创新无极限，追求产品达到完美的质量。

因为老乔对产品完美设计的追求激情极高，时常为了一个极为不起眼的细节，将整个产品设计推倒重做，以求得到更加完美的产品。就这样，老乔很多创新的设计想法开始在产品之中呈现出来，同时也因为老乔的完美主义作风，以及企业追求完美质量和不断创新的终极目标，企业的产品开始在市场上呈现出与众不同。

整个市面上的同类产品，多数为了满足顾客最基本的使用需求，但是老乔带领的企业所生产的产品，会在满足顾客基本使用需求的基础上，增加更多的良好使用体验，包括产品的耐久度、售后服务、细节完善等。这些在绝大多数企业眼中并不起眼的优势，逐渐成了老乔所在企业的特色。

经过了数年的积累，老乔带领着企业团队，数次对产品更新迭代，很多创意理念开始在产品上呈现，并展现出了极具前瞻性的特点，甚至其产品设计和更新概念，还引领了整个产业的发展。

自此，老乔的企业在该产品的生产领域正式成为领头羊。老乔所设计的产品，每一次更新迭代，都会让顾客感受到极致的享受感。一个最简单的例子，就是他们所设计的产品，有过一次召回活动：当时企业的更新产品，刚刚公开发售一周，产品到达顾客手中的数量还不多，但老乔在使用产品的过程中，发现手感上总有一些瑕疵，于是加班加点开始寻找瑕疵所在，并将这件事通知了整个设计部门。设计部门的员工知道产品存在瑕疵后，很快就投入工作中，渴望在第一时间将瑕疵找到并进行弥补。

在连续工作数十个小时之后，设计部门终于找到了瑕疵所在。更是以极快的速度，老乔和设计团队一起将其进行了完善。在产品瑕疵被弥补的第一时间，所有设计团队的员工都松了一口气，他们同样渴望为顾客提供完美的产品，而此时他们实现了。

这个瑕疵，其实体现在产品设计领域，仅仅是极为微小的差异：产品外框的转角，进行了 0.1 毫米的调整。瑕疵被完善之后，老乔紧急召回了已经发售的产品，并连夜通知生产部，对设计参数进行微调，并在解决瑕疵之后，第一时间将新产品发放到了顾客手中，并给予了顾客极大的优惠；同时老乔还将第一次的产品和消除瑕疵之后的产品，摆放在了各地的产品销售门店，以便让顾客感受到其中的微妙不同。

就这样，老乔将自己企业的终极目标，与企业的发展未来、员工的追求进行了融合，这让整个企业都拥有了极为清晰的方向，并在团队共同奋斗下不断向目标前进、发展和接近！

老乔带领的企业，就是在他完美主义者的目标下，不断完善并发展，从基础领域一步步逐渐壮大。其实老乔企业的发展，运用的仅仅是企业发展的基本核心，即目标管理，以追求完美产品、为顾客提供更好的产品为己任。在出现问题、发现瑕疵的第一时间就开始行动起来，目标明确又坚定，才打造出了顶级的企业团队。

其实，管理者在管理企业的过程中，最需要做的就是目标管理，而企业的目标，正是那些能够吸引同道中人不断激情澎湃、为之奋斗的核心驱动力。企业正是拥有这些目标，才使得管理者能够带领着团队和企业，不断为实现目标而努力奋斗。

在管理企业的过程中，管理者进行目标管理，要从目标层次调动不同团队、不同员工的工作积极性，以便最终完成企业的使命。不过，因为员工的层次不同、眼界不同、部门不同、能力不同，所以企业内部除了基于整个企业发展而形成的目标之外，还需要制定各级任务目标。这些目标的制定，才是管理者真正着手的目标管理。

企业灯塔：方向型目标

在管理者带领企业发展的过程中，有一个能够激发团队激情，并让团队中所有人共同努力的方向型目标，其最主要的作用是指引团队奋斗方向，是企业的灯塔。

企业的方向型目标，通常直接由管理者制定。这是一个能够不断吸引和鼓舞企业团队各层级领导者的目标，更是一个伟大的拼搏方向。

其实很多企业的方向型目标看起来都极为模糊，甚至没有人知道这个目标能不能实现。但这种目标却能够在很大程度上激发志同道合者的热情和激情，更是管理者吸引重要人才的核心。

有时很多企业管理者会认为，构建企业的方向型目标，不就是要在特定的阶段赚取到足够多的资本吗？其实这种目标完全脱离了人类发展的核心，根本就无法形成长久持续的发展驱动力。只有那些宛如灯塔的方向型目标，才能够引领企业和员工不断为人类某项发展做出贡献，才能够形成持久驱动力，从而推动企业和员工为之奋斗。

团队任务：过程型目标

方向型目标是企业的灯塔，更是企业和团队为之奋斗的重要核心驱动力，但是真正执行各项行动时，方向型目标就无法有效指引团队和员工了，因为这个目标太过模糊和宏大。因此，管理者在带领企业发展的过程中，还需要以方向型目标为基础，为企业中的不同团队，布置不同的任务。这些任务最终要实现的，同样是目标，只不过比宏大的方向型目标小很多，而且更容易引领团队行动，即过程型目标。

过程型目标通常是企业中团队在一定时期内能够实现效果的目标，逻辑性要强，结构性要精准。这类目标需要管理者和不同团队的领导共同制定，其需要基于企业战略性的方向型目标进行细化、拆分之后制定。

过程型目标需要管理者发挥管理团队的智慧，充分收集不同团队的各方面资料，对实际情况进行评估，划分好授权和对应制定执行方案之后，予以完善和宣布。其推动的是企业不同团队的发展，每一个团队的任务都会有所不同，最后这些任务还会协调成一个具象的目标，通过不同团队的不同环节、进度和成果，呈现出不同的效果。

员工日常：理性型目标

企业团队通过过程型目标制定出对应的团队任务后，管理者还需要引导团队的负责人，制定出能够让员工在日常工作中遵循和逐步实现的更小目标，这种目标也叫作理性型目标，通常都非常具体，包括各种需要在特定阶段达到的数据目标等。

针对员工的理性型目标，需要根据不同团队内部的员工情况，进行恰当的调整。制定此类目标时，需要根据员工的实际能力和企业现状进行完善，以便确保团队能够完成目标任务。

此类目标还需要和执行力进行匹配，即需要符合执行方案的各种步骤和特点，而且理性型目标必须清晰明了，需要达成的效果和成就必须有据可循，这样才能有效支撑员工按部就班完成，并推动企业不断前进。

管理的核心是正确决策

现代企业管理，需要管理者能够在瞬息万变的经济环境下，形成可以引领企业向正确的方向不断前行和发展的正确决策。同时要求管理者能够在管理企业和员工之时，做出让各层员工都认可的正确决策！

从企业发展角度来看，管理者的正确决策是企业任何任务、事件得以贯彻和执行的基础一步。企业只有明确了要做什么、要向哪个方向努力，后续才能够一步步形成具体该如何做、如何实现这些目标的计划，然后付诸行动。

从管理者角度来看，如何正确决策，就是管理者最劳心费力的重点事件，也是管理者最为核心、最具风险性的管理工作。毕竟一个决策失误，就可能导致整个企业乃至所有员工都受到影响。

从企业员工角度来看，管理者的正确决策，是员工明确努力方向、确定行动目标、获取对应性收获的核心，而且绝大多数时候，虽然员工的决策能力、见识无法与管理者相比，但是具体的行动力和执行力，却更强于管理者。也就是说，员工需要管理者给予明确的前进方向和目标，制订对应的行动计划和方案，才能够共同引领企业不断向目标前行。

管理者在引领企业时，一个错误的决策，尤其是涉及企业发展方向和目标的决策，就很可能将企业带入困境之中，甚至可能导致企业完全失去市场竞争力，一蹶不振乃至破产倒闭。

马总在20世纪末的时候，搭乘机械技术发展的快车，快速将企业发展为拥有充沛流动资金的行业领军者。与此同时，马总也发现了机械技术领域的发展正在趋缓。借助充沛的流动资金，马总决定进行转型发展。

马总当时所考察和分析的转型发展方向有多个，其中他最看好的就是房地产行业和互联网技术行业。当然，互联网技术行业在当时依旧处于初步探索期，所以马总决定先对互联网领域进行观望，尝试性地从互联网游戏领域着手试探，同时付出巨大的精力和成本切入房地产行业，以积累更加庞大的资本。

为此，马总在确保企业机械技术领域的基本业务基础上，按照计划将一小部分资金投入游戏开发领域，并将大部分流动资金投入房地产行业。当时马总投资的房地产项目，正巧和城市发展规划相一致，因此得到了城市政策和市场领域的极大支持。

这也使得马总在初入房地产行业就自信心爆棚，从而导致了马总出现了一次重大的决策失误：本来马总投入的资金，在房地产行业完全可以简单站稳脚跟，只是规模稍显局限，但按照该城市房地产领域的规划和发展，几年的时间就能够让马总的流动资金回笼并提高一倍。可是马总想博一把。借助城市政策的支持，马总期望继续提高在房地产行业的投资，甚至原本的投入，都只能算是他在房地产行业的起步投资。

到最后，马总在房地产行业的投资计划，远远超出了企业所具备的资金底蕴。为了能够让项目正常实施，他创新性地改变了投资方式，其中一部分依旧以自己企业支撑，即依靠较为稳定的机械技术领域的发展，源源不断为房地产项目进行投入；另一部分则借助贷款予以支撑；还有一部分，则通过预售的方式，由顾客先行承担，类似于借助顾客融资的方式，推动房产的完成，待后续房产完工之后，马总相信自己的资金链也就能够串起来，从而完成此次“豪赌”式投资。

可以说马总的手段是具有先导性的，也有成功的概率，只是天不遂人愿。当房地产项目开始施工后，城市政策发生了改变，不允许预售形式的房产项目推动，这就意味着马总需要将预售所得的资金返还给顾客。

雪上加霜的是，因为马总在近几年新产业领域投入了巨大精力，所以整个企业的管理工作也出现了很大的漏洞，甚至机械技术领域的财务管理也极为混乱。当马总需要资金时，却发现整个企业内部的资金链早已经断裂，甚至欠债累累，根本不足以支撑庞大数额的还款。

这种情形让马总根本没有实力再支撑房地产项目的继续，只能含恨售卖掉了机械技术领域的所有资产，以便填补决策失败产生的资金窟窿。可这依旧是杯水车薪，无奈之下，马总只得承诺会在三年限期内，将所有资金欠款返还，之后就销声匿迹了。

两年半之后，互联网市场上一款游戏出现，瞬间成为互联网领域的游戏黑马，很快就占据了当时游戏产业领域的一席江山。这时人们才发现，原来这是马总当年开发的游戏，沉淀了两年多的时间一举突破，不仅很快填上了欠款资金，也第一时间偿还了顾客的预售款，并且继续以他的名义，开始重启那个房产项目。

其实，案例中马总的企业得以重新获得新生，在很大程度上属于运气。在现实之中，有很多企业会因为错误的重大决策，将企业带入无法逆转的深渊之中。可见管理者的正确决策多么重要。

企业发展决策

在引领企业前进的道路上，管理者作为领头羊，自然需要做出能够推动企业发展的正确决策，这是企业能够长远发展的核心。而此类方向性决策，通常对应的就是企业的灯塔：方向型目标。

管理者的企业发展决策，不仅涉及整个社会的发展和稳定，涉及企业涉猎行业和领域的未来趋势，还涉及不同地区、不同政策下的市场背景，同时关乎企业内部不同部门、不同员工的行为规范和具象化目标。

可以说，企业管理者的发展决策，是影响企业生存和发展潜力的重中之重。管理者只有对环境、趋势、行业未来、企业内部现状、企业发展模式等了如指掌，才能做出能够推动企业快速成长并壮大的正确发展决策。

前面马总的案例，其实他对企业进军互联网领域和房地产领域的决策并不算错误，因为这的确是当时市场的发展方向和趋势。尤其是机械技术领域的发展已经进入疲软期之后，选择朝阳产业和潜力股进行发展和探索，无可厚非。

只是因为马总在房地产领域的迈步实在太大，远远超出了自己企业的承受能力。这个大跨步发展的决策，自然是错误的，也正是这个错误决策，使得整个企业陷入了“无法消化”的境地。同时，马总对企业内部的管理漏洞没有及时发现，也属于决策性错误，导致财务管理混乱，同样是推动企业难以为继的源头之一。

管理工作决策

企业发展决策引领的是企业的方向，这意味着企业的未来潜力，通常拥有远见卓识的管理者，都不会在企业发展决策层面掉以轻心。但是，即便企业发展决策正确，若后续的管理工作决策出现巨大差错，同样会给企业带来巨大的危机。

其实企业的管理决策工作，就是基于发展决策所制定的企业内部工作流程，其中最主要的就是要细化企业奋斗目标，并根据奋斗目标拟订企业的奋斗计划，做足准备并结合企业现状，这样才能确保目标明确、方向精准。

拟订计划之后，需要借助奋斗目标来安排员工的具体工作和活动程序，即整体的工作流程。有了明确的目标，也就有了监督和奖惩的依据。这样才能够让后续工作有条不紊地进行。

管理者需要注意的是，管理工作决策并非简单的针对某项活动的决策，而是一系列活动的决策，也包括系列活动中遭遇问题之后用以应对的解决性决策。通俗来说，管理工作决策在执行过程中的重点就是解决问题，而且需要管理者从企业发展大局角度来分析问题的根源及核心。从核心出发去解决问题，才能够快准狠地实现高效行动。

全局规划企业的战略发展

任何企业的发展之路都不是一帆风顺、畅通无阻的，当管理者带领企业和团队不断向目标前行时，难免会发现前行的道路上出现了各种各样的变化，如出现了障碍、挫折，或者出现了岔路、支线。遭遇这些变化时，企业其实就已经进入艰难的选择节点，这个节点甚至会影响企业未来的发展。

作为管理者，需要从企业发展的全局、行业发展的全局、社会环境发展的全局，去规划企业未来发展的道路。这也是企业未来的战略发展，更是企业能否在未来站稳脚跟的重中之重。

企业的战略性发展，通常指的是对企业未来有决定性影响的谋略，其核心是需要管理者能够以长远的眼光、全局的观念，捋顺长远利益与眼前利益的关系，以及捋顺全局收获与局部收获的关系。而且，不论是社会还是事物，都在不断发展变化，所以企业的战略性发展谋略，也需要与发展紧密联系。

2010 年 8 月，在中国汽车发展史上发生了一件大事——这个月在英国伦敦，中国的吉利集团成功交割了沃尔沃轿车的 100% 股权以及相关资产，其中包括沃尔沃轿车的商标所有权、使用权，以及沃尔沃轿车拥有的一万多项专利和专用知识产权，还有 10 个系列可持续发展产品和平台、数十万辆生产能力的设备、数千名高素质科研人员、分布在全球

100 多个国家的数千个销售服务网点和网络！

这一举动，让本来名不见经传的吉利集团，正式成为中国第一家汽车跨国公司，也为吉利集团未来的发展之路，奠定了扎实的基础。

吉利集团发端于 20 世纪末，一直由出身农村、刚成年就开始试水商海的李书福带领，可谓真正走出了从无到有、白手起家的创业之路。李书福最早通过“野照相”赚取了人生第一桶金，之后做过“淘金”，生产过冰箱，制造过摩托车……

直到 1997 年，李书福竟然再次做了一个惊人的决定：制造汽车！李书福凭借着初生牛犊不怕虎的勇气，凭借“汽车不就是四个轮子，加几个沙发吗”的认知，走上了汽车生产和制造的道路。吉利发展过程中，各种各样的困难都没有挡住李书福前进的步伐。通过不断摸索、完善、钻研，吉利集团慢慢成长了起来。

最初的吉利集团根本不起眼，生产制造汽车主要涉猎的是纯大众低端市场，甚至还常被其他庞大的汽车企业“看不起”。但 2010 年的那次收购，却让所有人大跌眼镜，因为吉利集团在李书福的带领下，真正实现了“蛇吞象”的蜕变，也正式开始跻身国际汽车领域。这次蜕变，到底是如何成功的呢？

其实这都是李书福从吉利集团全局出发，早就已经做好的战略规划。时间回到 2002 年，当时的吉利集团刚刚拿到汽车生产许可证，但这时的李书福就已经有了一个石破天惊的“幻想”：吉利集团要买下沃尔沃，从现在就开始准备！

彼时，福特汽车刚收购沃尔沃汽车 3 年，但是沃尔沃汽车的发展与福特汽车的发展并不契合，李书福却已经感受到了苗头：福特汽车在未来，必然会忍痛割爱将沃尔沃汽车抛弃！

很难想象当时连汽车都还没完全造明白的李书福和吉利集团，已经开始想尽办法谋发展了。2007 年，李书福带领着吉利开始提出战略转型：从最初“造老百姓买得起的好车”，转变为“造最安全、最环保、最节能的好车”。这次战略转型，其实最核心的目的，就是开始布局收购沃尔沃。

不过当时的福特对沃尔沃的态度是“不卖”。可仅仅一年之后，2008 年的全球经济危机出现，福特汽车陷入了困境，开始抛售资产，对沃尔沃的态度也发生了变化。李书福想要收购沃尔沃，就需要能够和福特搭上话，但吉利汽车当时名不见经传，根本无法谈及收购业务，所以李书福运用了最简单的手段：偶遇。福特去哪，吉利就去哪。于是在 2008 年的某天，李书福的机会来了：他和福特 CEO 交谈了 30 分钟，终于提出收购沃尔沃的意愿。可当时的福特并未在意，但李书福毕竟混了个脸熟……

有了第一次，自然就有了后面的事。2009 年，福特 CEO 面见李书福，李书福也趁机讲述了自己的规划，甚至对沃尔沃的长远期盼。最终，2009 年 9 月底，福特官宣吉利成为沃尔沃首选竞购方。2010 年，李书福以 18 亿美元的价格，100% 收购沃尔沃轿车股权，吉利汽车的战略规划正式达成！

可以说，吉利集团如今能够跻身中国汽车制造大亨之一，离不开 2010 年那次令所有人都惊诧不已的“蛇吞象”战略规划。其实，任何企业在发展的道路上，此类全局性战略规划都必不可少，作为企业的管理者，只有不断运用战略眼光，从全局看待问题，才能够不断推动企业前进和发展。那管理者该如何培养自己的全局观，以便规划企业的战略发展呢？

开拓思维，信息决定眼界

管理者要想树立全局观，培养战略规划思维，就必须先丰富自己的理论修养和知识素质，不断学习和强化各种理论知识，增加自己的知识储备，并严格要求自己，这样才能拥有扎实的基础。

之后则需要结合社会现状，开拓自己的思维。如今的社会已经步入信息化时代，互联网的普及，使得如今社会处于信息爆炸、知识爆炸的时代，管理者想要在这样的背景下站稳脚跟，自然需要明确信息的重要性。

不论是互联网上的各种信息，还是社会和市场上的各种信息，对于企业和管理者而言，都是重要的战略性资源。作为管理者，掌握的信息越丰富、越精准，越能够从海量的信息中提炼出所需的知识和智慧，也就更容易从更高的角度去看待各种问题。这样为企业谋划全局性的战略规划，自然就会更加从容。

从全局思考方能谋战略

企业发展过程中的战略规划，作为管理者必须站在全局的角度去思考和谋划。在掌握海量信息的基础上，从全局方针、政策、原则出发，分析和筛选各层有用信息，以上层信息为方向，以下层信息为基础，才能够形成最契合企业发展的战略。

吉利集团的战略布局和谋划，就是李书福经过上层信息分析，感受到了福特汽车对沃尔沃汽车的掌控，在后期必然出现问题，之后才不断收集对应的信息，最终在福特汽车口径稍松时就快速切入，从而一步步成为沃尔沃的首要收购企业。

管理者想要形成从全局思考的习惯，就必须时刻注意，当事件出现时就要从全局角度去思考问题、筹划工作。在必要的时候，需要企业内部的局部利益服从全局布局，这样才能让企业在大势之中立于不败之地。

当年吉利集团收购沃尔沃，虽然最后谈成了 18 亿美元的价格，但李书福和吉利很难在短期内筹到资金。其实以当时李书福和吉利的实力，18 亿美元根本就拿不出来。但李书福早在数年前就开始谋划和准备，所以才在最后险之又险地完成收购。

李书福还清晰地知道，收购沃尔沃其实只是吉利战略发展的第一步，紧随而来的甚至是一个需投资 100 亿美元的平台开发项目，这个项目同样需要李书福和吉利进行支撑。好在李书福早有准备，否则收购完沃尔沃的吉利必然会举步维艰。

求真务实确定全局战略

管理者在带领企业进行全局性的战略谋划时，还需要强化求真务实的效果。毕竟任何战略的制定，都必须从信息收集、确定、调查、验证开始，否则所制定的战略就无法切实执行和推进。

也就是说，只有求真务实，才能够确保信息精准、明确。作为管理者，自然需要从多个渠道、采用多种方式，掌握更多的信息，而且这些信息必须经过调查研究和验证。以此为根基所形成的全局性战略规划，才能够拥有足够的实践价值。

以吉利集团收购沃尔沃为例，早在 2002 年李书福就已经针对各方面信息，大体推论到了福特可能会在某种契机下对沃尔沃忍痛割爱，这其实是基于福特汽车和沃尔沃汽车本身的企业文化对比后得出的结论。但是吉利最终能够在 2008 年全球经济危机之时，抓住机会和福特形成联系，并明确收购意向，则是基于李书福求真务实的战略眼光：机会是留给有准备的人的。2007 年李书福就已经开始跟着福特 CEO 的行程，不断寻找“混脸熟”的机会，这些都为一年后两者的合作奠定了基础。

管理者必须以求真务实的态度，来确定影响企业未来发展方向的全局性战略。

好的决策，需要统筹多方意见

企业发展时，管理者主要负责方向型目标的制定和推行，但这不代表管理者在企业运作过程中不涉及其他决策。作为管理者，需要根据方向型目标来规划和协调引领团队和员工的各种分支目标，因此同样需要管理者进行决策。

整个企业上下，各层级的各项决策既复杂又多样，如果管理者参与到每项决策的制定和优化之中，必然会力不从心，甚至根本没有足够的精力去支撑企业的整体运转。

虽然管理者不需要每项决策都事必躬亲，但绝大部分重要决策又不得不参与，毕竟任何管理者都需要了解到各层级所作决策好坏，以及决策形成之后的执行状况和行动效果等。

这就非常令管理者困扰。既不能不参与决策，又不可能事必躬亲，具体该怎么做呢？其实很简单，只需要多统筹各方意见，把好最后决策的方向不偏离企业灯塔即可！

联合国曾经有一次派遣官员驻扎某国家，以便寻找提高该国营养健康水平，推动该国儿童更加健康成长发育的方法。可是当官员们前往该国之后才发现，他们来到此处，一没有根基，二没有经费，三没有办公场所，四没有翻译官，五没有任何该国儿童营养健康水平的数据。可以说完全是两眼一抹黑，事事都没底。但是联合国整体的决策是明确的，就是推动该国儿童营养健康水平提高，以便减少该国民众的病痛和生存危机。

为了实现这个目标，官员们不得不群策群力，渴望寻找到能够快速了解该国儿童营养健康水平现状的方法，同时根据现状来挖掘出有效提高整个国家儿童营养水平和健康水平的手段。

如果从要达到的目标来反向分析，官员们根本就没有任何头绪，因为联合国没有给予任何资源，甚至连翻译官都没有配备，所有的东西都需要自己来完善。但是这可是一个国家，不说官员数量根本无法短期了解到该国儿童整体的营养水平和健康水平，就是统计数据后找到手段，也必然需要大量资源的支持。

没办法，一群官员只能天马行空发表各种意见，带领官员们的管理者，同样没有思路，只能靠统筹这些意见来挖掘好的决策。

在多人的共同努力之下，一个非常好的决策被挖掘了出来。这个决策不仅能够让他们快速统计出该国儿童营养水平和健康水平的数据，还能够寻找到具体提高该国儿童身体素质的方法。更绝妙的是还不需要管理者向联合国申请资源，仅需要该国本土资源即可！

具体的决策是：官员们先找到一些民间的翻译，然后在该国各地各阶层筛选特定的儿童。筛选的条件是家庭条件一般，但是身高和体重比同龄儿童高和重的孩子。因为同龄孩子能够长更高的身高和更高的体重，而且家庭条件一般，那么必然营养水平达到了一定的水平，他们只需要根据这些孩子查明具体的原因即可。

当找到足够多的孩子后，官员们开始在翻译官的帮助下，深入了解这些孩子的家庭饮食状况，同时将这些孩子的家庭饮食状况与其他个子较矮、体重较轻的孩子们的家庭饮食状况进行对比。对比后发现两拨孩子在普通饮食方面没什么不同，都是一天四顿饭，主食既普通又常见，但营养水平都偏差。

唯一不同的是，身高较高的这些孩子们的家人，在日常饮食中时不时会加点“料”：捞一些小虾米放到菜里，饭中时不时加些紫薯汁液！而这些，恰好补充了孩子们生长过程中的很多营养。

这一发现让官员们找到了解决问题、实现大幅度提高该国儿童营养水平的手段，即充分挖掘该国本土相关的营养丰富的食材，如虾米、紫薯等，然后推动该国在日常饮食之中添加这些食材。这样的方式既节省了申请资源和下发资源的艰难流程，又能够将该国家长的积极性挖掘出来，毕竟只需要简单的增加营养丰富的食材即可。

于是，官员们开始到不同地区召集孩子营养水平较差的母亲们，教授她们这种又实用、又不会增加家庭开支的手段。这些母亲们也非常乐意寻找更适合孩子成长发育的食材，甚至还会针对不同地域的不同食物资源，寻找到更加丰富的食材。很快该国孩子们的营养水平就开始得到提高！

上述案例之中，官员们正是借助统筹多方意见的方式，最终得到了一个适合现状的决策。其实这种模式与企业发展过程中的很多决策类似，作为管理者需要多多统筹员工们的智慧、意见、建议，从而为企业发展的好决策奠定基础。

允许反对意见出现

企业的不同部门进行决策时，任何决策方案都需要经过多方的论证和探讨。整个论证和探讨的过程，就是一个收集多方信息和资料，借助质疑和问题的提出，不断进行完善的过程。而且，决策方案的论证和探讨，如果让员工们进行参与，也能够大幅提高他们的参与度和动脑积极性。

在论证和探讨过程中，不同员工必然会站在自己观察问题的角度提出各种疑问，也自然会有各种各样的反对意见出现。尤其是一些普通员工，他们虽然没有站在管理者位置，却同样拥有很强的大局观，也就容易提出一些截然不同的反对意见。

如果作为管理者没有足够的包容心，不允许各种反对意见出现，长此以往决策的论证和探讨就会变成一种形式，不仅不会促进企业发展，甚至可能会让整个企业变成管理者的一言堂。这样的模式下，企业的发展必然会出现巨大的问题，毕竟个体的见解不可能全面。

想让企业拥有足够的发展潜力，作为管理者就需要在心态层面允许各种反对意见的出现，甚至需要鼓励员工充分表现个性，勇敢发表截然不同的意见和建议，这样员工才会更加具备责任心。员工从多个角度去看待问题，也会让企业的各种决策更加完善和全面。

建立良好的意见统筹机制

在决策论证会上，鼓励和允许不同员工提出各种反对意见，只是管理者形成好决策的第一步。想要让决策更加全面和完美，管理者还需要建立起良好的意见统筹机制，因为很多普通员工即使提出反对意见，也不一定能够传到管理者的耳中。

所以作为管理者，在鼓励员工提出各种反对意见的同时，还需要借助各种手段来形成一个意见统筹的机制，如在不同部门设立意见箱，拓宽员工和管理者的沟通渠道，员工有各种意见都可以通过意见箱和管理者进行联系；又如可以开放电子邮件，允许员工向电子邮箱提出各种意见。

在此基础上，管理者最好能够建立一套奖励机制。员工提出的各种意见，甚至反对意见，若能够对企业发展、各项决策产生影响，就给予各种奖励。

管理者只有以这样海纳百川的心胸，去面对各层员工的意见和建议，借助各种意见和建议来完善和优化最终决策，才能够真正实现企业上下齐心、共同努力的发展模式。

执行篇

统一行动才能有效领导

执行力就是企业竞争力

任何决策、任何计划、任何目标，定下来的方向和方案若不能实施，不能执行，那么最后也只能是空中楼阁。日常生活中是如此，企业发展更是如此。

任何一家企业想要在竞争激烈的市场站稳脚跟，仅仅依靠出彩的项目、明确的目标、完善的制度、上下一心的团队还不够，最为关键的是要拥有统一的执行力。对于企业而言，执行力就是竞争力。

从管理者角度来看，要提升企业和员工的执行力，就需要从以下两个角度着手进行。

拒绝拖延，马上行动

很多时候企业内执行力不足，根源就是有些员工会在工作中拖延，尤其是一些员工长久以来已经形成拖延习惯之后，当管理者制定了制度或提出了决策方案后，这些员工无法改变拖延习惯，从而造成整个企业执行力不足。

例如一个企业之中，其中一项任务需要多个部门合作完成，当其中一个部门或这个部门之中某几名员工拖延时，不仅会因为少数人的拖延导致这个部门的计划任务无法按时完成，还会影响其他合作部门的进度。毕竟合作完成的任务，其中一个部门未能按时完成，整个项目就必然无法形成闭环，即使其他部门任务和计划完成得再出色，也无法挽回整个项目不能按计划完成的后果。

当管理者发现企业之中有员工具有拖延的恶习时，就要及时进行引导，培养此类员工拒绝拖延、马上行动的习惯。管理者可以传授给员工改变拖延恶习的技巧和步骤。

首先，让员工认识到自己有拖延的恶习。最简单的方法就是让员工记录或找到一件正在拖延的事，并找出员工所认为的最为重要的那件事。之后引导员工发挥想象，推论一下这件极为重要的事，继续拖延下去到底会出现什么样的后果。

其次，当引导员工挖掘拖延后果之后，要鼓励员工从反向角度重新思考。如果马上行动起来做这件事，员工能够有什么收获，任务什么时间能够完成，当任务完成之后又会获得什么收获。

最后，当员工通过想象和思考，了解到自己完成任务之后能够得到什么收获后，管理者就可以给予员工支持，让他们立刻行动起来。就是从想明白的那一刻起，走回自己的岗位时就马上行动。

这几个步骤中最有效果的就是反思拖延可能产生的后果。管理者可以通过企业的规章制度来提醒员工，拖延下去有可能被降职、降薪等，让员工认识到后果。在此种激励之下，员工立刻行动起来就更加顺理成章了。

完美执行甚至超额执行

作为企业管理者，在做出决策、颁布任务、推出计划、下达命令之前，肯定会将目标完成期望、企业现状和员工能力等考虑进去。也就是说，在各种计划或任务下达之前，管理者就应该知道执行结果的标准，这些都是管理者和不同部门、不同层级领导进行协调、探讨之后的内容。

如果管理者在任务下达之前，就已经明确员工只要努力就必然能够完成，并达到应该有的效果，那么在任务下达之后，就需要确保员工不仅能够完美执行，乃至能够超额执行。

完美执行自然就是百分百执行，即按照既定的计划和标准，高效保质保量完成工作。这样企业才能够实现快速进步，一步步实现更加宏大的目标，最终布局出属于企业自身的商业蓝图。

而超额执行，则需要激发出员工对企业的深刻责任心，以企业发展为己任，尽职尽责，付出最大的努力，以激情和热情为动力，为属于自己的事业而不断奋斗。

也就是说，管理者需要确保员工能够完美执行各项任务，若能引导员工超额执行，则属于更好的效果。要做到完美执行，管理者就需要从自身做起，引导员工效仿。

首先，需要对自己严格要求。不论是什么工作内容或任务，都应该以企业最高的标准来要求自己，只要想做到最佳就必须以此为标杆。管理者需要引导员工都向自己学习，以高标准来要求自己，充分发挥榜样的力量，同时辅以恰当的激励。

其次，需要激发出自己对工作、对企业的超高责任心。管理者需要让员工明白，大家都在同一艘船上，每一个人都负有独属于自己的那一份责任和任务，每个人所做的事都是自己的事业。这样所有人才能够扛起肩上的责任。

最后，做任何事都要竭尽全力，力求做到自己能力范围内最佳。若作为管理者一直如此要求自己，做任何事都竭尽全力，员工受到鼓舞，也会如此不断执行。这样企业的执行力才能成为良性循环。

行动指令必须恰当

企业的发展、业务的拓宽、研发的进步、任务的落实等，都需要依托企业内部员工们高效又准确的行动得以完成。作为企业管理者，推动员工行动的基本管理手段，就是行动指令。

通常企业内部的行动指令，可以运用多种形式下达，如文件形式、邮件形式、口述形式、电讯形式等。针对不同的需求和要求，管理者可以选择最恰当的指令传达形式。

在管理者领导企业发展的过程中，要想做到管理工作顺畅、领导工作高效，从而实现整个企业的员工宛如一个整体，统一行动，就需要恰当的行动指令，以便员工能够高效执行，并获得预期的行动效果。

可如果管理者在下达行动指令时并不恰当，这些指令在执行时就可能会出现很大的折扣，无法达到预期，甚至可能无法起到正面的效果。虽然指令的执行力有可能会影响最终效果，但是真正的源头，却是管理者的行动指令是否足够恰当！

王浩（化名）大学毕业后不久，就和几个志同道合的同伴，合伙开办了一家科技公司。同伴以资金形式入股，王浩则负责带领团队和管理整个企业。因为公司研究的方向和具体的业务，恰好能够满足市场的需求，所以整个公司发展极为迅速，短短几年就已经攒下了不菲的身价。

王浩看准时机，推动公司开始大规模扩张，因为经验稍显不足，所以扩张的速度和节奏没有把控好，致使公司的资金出现了一定的问题。其实后续只要能够稳住扩张节奏，将具体业务推广出去之后，公司的资金完全可以支撑，可王浩有些心急，因为合作伙伴纷纷观望，并没有决定继续加大投资。为了能够获得合作伙伴的支持，王浩决定将公司原本的粗放式管理模式，改变为精细化管理模式，这就意味着公司需要大幅裁员。

可是王浩又不想让员工知道公司的资金出现了问题，否则很容易造成员工大批跳槽的情形，那样公司可能就真的无法支撑下去了。于是，王浩谁也没有告诉，直接就在全员会议上，下达了决定裁员三分之一的指令，具体原因和要求，却什么都没提。

这一下公司员工开始人人自危，有人开始表达忠心，有人则找王浩谈心，有人不断表现，整个公司呈现出一种积极主动工作的态势。王浩看到这种情形，感觉直接裁员好像实在不近人情，又担心这么大幅度的裁员会影响军心，甚至会影响公司业务，于是改变了命令，改为减薪三分之一。同样没有解释和说明。这使得一段时间里员工们再次开始算计薪水，公司的员工士气都变得极为低沉，一部分员工则开始寻找新工作。

士气低落，公司业务也受到了影响，王浩不得不再次改变指令。为了挽救现状，王浩又召开了一次全员会议，从人性化管理角度，调整了员工的心态，表明既不会裁员也不会降薪。

本来员工都非常开心，可随后王浩又下达了一项指令：下半年员工的薪资，先由财务部代管，当公司渡过难关后再发放下去。同样没有解释公司具体遇到了什么难关。这一指令让绝大多数员工都非常失望，纷纷离职走人。王浩的公司没两个月就再也无法支撑下去，只好宣布了倒闭。

其实，案例之中王浩的公司之所以从快速发展到迅速没落，并不是因为资金问题，而是因为作为管理者频繁更换行动指令，同时指令又没有阐明原因。当管理者在企业中下达指令时，若员工无法理解对应的意图，就很可能延误工作甚至起到反作用。

恰当行动指令的特征

在企业中下达指令时，管理者必须做到让员工能够快速明晰指令意图，这样的指令才是恰当有效的，而且能够让员工快速执行、高效完成。对于恰当的行动指令，管理者必须注意其中的特征，总结出来就是几个原则：完整、清晰、简明、正确。

指令之所以要完整，是因为管理者下达指令时，应该向员工详细介绍对应工作的情况、因果，以便让员工了解到全局形势。这样也更容易激发员工的工作积极性和主动性，从而让他们更出色地完成任务和达成目的。

指令要清晰，指的是管理者下达指令时，必须减少模糊性用语，最好使用较为精准的指令词汇，以便让员工能够洞悉指令的具体条件。例如有的管理者下达指令时，会说“要尽快将工作完成”，可在员工的眼中，“尽快”到底是多快根本就不清楚；又如有的管理者下达指令说“尽可能提高工作的质量”，可是又没有给员工具体的质量标准，甚至员工询问后，给出的答案是“能够满足客户要求的质量”。这种模棱两可、毫无参考的指令，很容易让员工产生误会：也许管理者的“尽快”是 5 天，但员工认为是 10 天；管理者认为的高质量，是满足任何客户的要求，但员工认为的是尽自己努力即可。不清晰的指令，可能会导致管理者与员工沟通不畅，管理者会认为员工不够努力，可员工也会认为管理者故意刁难、交代不清。因此，管理者下达指令时，必须确保指令清晰透彻，能够让员工快速了解具体的目标。

除此之外，恰当的指令还要具有简明、正确的特点，这就需要管理者能够抓住指令之中的要点，包括员工需要做什么、什么时间完成、达到什么目的等。管理者必须在下达指令之前，就弄清楚指令的核心要点，做到心中有数，这样才能够合理进行协调和调度。并且需要简洁地将要点传达到位，使员工能够更快地明确指令意图，从而快速行动起来。

下达指令时必备的技巧

管理者在明确了恰当行动指令的特征后，真正下达指令之时还需要具备一定的技巧。这些技巧非常微妙却极为实用，更是推动员工高效工作的基础。

第一步技巧就是管理者在下达指令之前，必须明确指令是否有必要下达。有时工作或任务尚没有足够明确时，若管理者下达对应的指令，就很可能造成员工做了无用功。这不仅耗时耗力，还会让员工的工作热情受到影响。

在当代企业中，就有一些管理者习惯下达无用指令。当他们看到员工没有任务可做时，就会安排一堆毫无作用的工作，下达指令让员工完成，最终员工忙碌起来了，所做的工作却完全没有促进企业发展。

第二步技巧是管理者必须正确、精准地传达指令意图，尤其是不能时不时变更指令。有些管理者甚至会在一周时间内下达数次指令，可前面的指令和后面的指令却处在两个极端上：如管理者最初要求员工必须加快工作速度，后续指令又要求员工必须重视质量，然而工作速度和工作质量本身就是工作的两个层面，一味追求速度质量必然下降，而一味追求质量速度必然会变慢。

这样前后矛盾的指令，属于意图不清的指令，容易让员工无所适从，更不知道指令的最终目的为何。

与此同时，管理者还需要注意，想要让指令意图精准传达，就不要下达过分抽象的指令，更不能为了显示权威而胡乱下达指令。这样只会让员工在工作时没有清晰目标。

第三步技巧是管理者下达指令时，语言要清晰明了，吐字清楚，用词礼貌。毕竟管理者和员工之间，是合作关系，即便有权力归属，也是一种劳动力的交换而已，所以下达指令时管理者的态度一定要和善，不能颐指气使、目中无人。

第四步技巧是管理者一定要记清楚自己曾经下达过的各种指令，最好的方式是将指令记录下来，指令所针对的对象、目标、标准、时间需求等都要清晰明了地记录。因为管理者通常都异常忙碌，但是指令都极为重要，记录清楚管理者就更容易安排下一步工作。

服从是确保执行力的基础

管理者带领企业发展的过程，其实就是带领团队不断执行任务、实现各种各样目标的过程。但是想要实现有效领导，就必须统一行动，而员工服从是统一行动、确保执行力的基础。

想让员工服从管理者的各种指令，就相当于要求团队的各个组成人员，暂时放弃个体的独立个性，遵循职业道德和制度，依据指令共同做事，彼此配合并协调一致，最终完成任务并达到指令目标。

有一家生产企业，生产车间之中显得非常脏乱，这主要是因为生产车间在这一段时期的生产任务非常繁重，在工作时间所有人都非常忙碌，没有多余精力和时间去处理车间内的卫生。

当企业的经理来车间内检查工作任务完成情况时，虽然认可了车间内员工们的工作积极性和生产状况，但是对生产车间的卫生非常不满，甚至训斥了车间主任和员工。他命令车间主任和员工必须在一周内把车间的卫生打扫干净，并在后续工作中维持好车间卫生。

车间主任和员工据理力争，说他们忙得不行，甚至上厕所都需要忍耐到下班时间，根本就没有时间处理车间卫生。就这样，打扫卫生的命令车间内的员工根本就没有执行，更没有服从。

后来有一天，企业的老板也来到车间考察工作，作为管理者他同样发现车间内的卫生状况不太好，但他同时注意到车间员工们的繁忙工作。于是在与车间主任交流时，他首先对车间内员工的工作表达了认可和敬佩，毕竟面对繁重的工作任务，车间的员工不仅保质保量完成了，还没有怨言。

在考察完毕后，企业老板对车间员工的辛苦表达出理解和肯定。车间主任也松了一口气，因为这次繁重的工作马上就要结束了，整个任务也即将圆满完成。此时，老板趁机提出了感觉车间有些杂乱，希望在忙完之后抽空收拾的意愿。车间主任非常爽快地就答应了下来。等到繁忙工作告一段落，很快车间就被清理得非常干净。

学会让员工心甘情愿服从

管理者需要在下达指令、期望员工服从之前，先学会对员工充分理解和尊重。因为很多时候员工的服从，都建立在彼此信任和尊重的基础之上。

想要让员工心甘情愿服从工作安排和各种指令，管理者就需要在自己和员工之间建立一种双向的沟通机制，这样员工才有可能高高兴兴且自发自愿地去做事。

管理者如果仅依靠粗暴的指令去领导员工，那么就只会让员工感觉到不舒服。也许员工会在管理者的权力下屈从，但是工作起来肯定不会尽职尽责，甚至还会出现各种各样的抱怨和不满。这种状态下，虽然员工服从了管理者的指令和安排，但是最终的工作效果却可能不尽如人意。

想要让员工心甘情愿地服从指令，最简单也最有效的方法，就是管理者不要把指令当作纯粹的指令，而是换一种员工接受度和参与度更高的方式，引导员工自发决策。这样不仅能够顺畅地下达指令，还能够让员工心甘情愿地去完成、去实现。

管理者在传达指令之前，完全可以先将具体的或还不成形的想法，给员工讲出来，然后以征求想法意见的方式，让员工感受、参与讨论。通过这种商量、探讨的手段，指令不仅传达了下去，还能够引导员工更积极地参与其中，甚至能够发挥员工的智慧和手段，完善指令期望达到的目标，以及具体的计划和实施方案。

而且，因为有了员工的主动积极参与，所以一些比较难以做到的指令，员工也会心甘情愿尝试实现，甚至可以有效提高工作效率，达到更好的工作效果。

实现自愿服从的小技巧

管理者想让员工心甘情愿、主动自发去做事，就必须与员工建立心与心的沟通，而不是仅仅表面上的形式。以下这些小技巧能够帮助管理者下达员工愿意服从的指令。

首先，管理者需要以平等心态面对员工。指令下达时虽然是管理权力的下派，但将心比心，没有任何一个人喜欢被其他人呼来唤去，所以管理者的语气要平和，不能过分急躁，也不能以呵斥的语气说话。

同时，指令说出的时候，完全不必以纯指令的模式出现，而是可以用商量的模式出现，即给予员工类似建议式的指令，如“是不是可以这样或那样”“应不应该……”等，这样更容易让员工接受。

其次，管理者在给予员工建议式指令时，还可以引导员工参与提出建议或意见。只需要在建议式的指令说出后，增加一句“你的看法如何”，就可以将员工的参与积极性大幅度提升起来。

尤其是有的员工个性强、能力强，会有自己非常独立的想法时，更需要管理者及时借助征询的方式，引导员工主动参与到决策完善中。这样一方面能够帮助管理者与员工形成沟通互动，另一方面还可以有效挖掘具有超强能力的人才。

最后，管理者下达指令时，完全可以抛开领导权力，以温和要求的方式，让员工感受到属于你的尊重。最简单也最常见的温和要求方式，就是熟练地运用“请”字。虽然只是一个字的运用，但是以温和口吻说出，更容易让员工接受，也更容易让员工感受到信任，从而自愿服从。

领导的另一层含义：监督

作为企业的管理者，在制定企业的重要决策和目标方向后，剩下的最重要的职责，就是管理团队、领导团队，推动整个团队向既定目标不断前进。在此过程中，管理者需要以“用人不疑、疑人不用”的态度去领导团队和员工，自然也就需要给予员工足够的授权。

在员工执行任务、完成计划、实现目标的过程中，管理者还需要负起作为领导者的另一项任务——监督。管理者监督团队和员工，最终的目的是确保团队能够在正确的方向上前行，不至于因为偏离方向而做大量无用功。

曾经有一个生产企业，管理者招募到一位实力强悍、能力出众的生产经理。因为企业接到一个庞大的生产项目，前后需要近一年的时间来完成产品的生产，所以为了能够保质保量完成这个项目，管理者在和经理探讨之后，制订了为期一年的生产计划。

管理者认为经理完全有能力带领生产团队完成任务后，于是将制订好的生产计划全权交给了经理，并授权经理全权负责实施和执行：从原料采购、供给、人员调配，到机器使用、任务协调、计划微调等，都交给了经理。

经理不负重托，以超强的能力，很快就采购好了原料、协调好了各个部门、组织了对应的人员、维护好了生产机器，并马上投入了生产。仅一周就生产出了当月计划三分之一的产品。

当管理者前来检查时，发现一周工作量竟然达到了当月计划的三分之一，于是说了一句："怎么一周生产这么多，员工过度劳累、机器过度磨损怎么办？"经理本来以为自己做得很好，保质保量甚至超额完成了任务，可没想到受到了批评，瞬间倍感失落。

第二周结束，管理者再来检查，发现第二周的工作量比第一周减少了五分之一，于是又说了一句："怎么这周生产量降了这么多，如果管理跟不上，估计就没法按计划完成任务了！"经理按照要求降低了生产速度，却再一次遭受了批评，更加无奈。

于是，从第三周开始，经理不再全权负责生产工作，因为他认为自己获得的授权，根本就是徒有其表，于是开始事无巨细进行汇报，不再自己负责任何生产事项。直到这一个月的生产计划完成后，经理决定不再继续在这个企业待下去，因为他的能力根本无法发挥，成了一个工作的傀儡，所以向管理者递上了辞呈。

给人才足够的施展空间

案例之中的管理者到生产部门检查时，应该只是监督一下经理的工作进度和状况，以便更好地完成生产计划。可是他带有很强批评性的话语，却让经理产生了不被信任的感觉，好像这并不是在监督，而是在评判和插手具体的工作。于是，两次批评之后，经理再也没有工作的积极性，也不再对工作计划上心，能力也无法充分发挥，并将相关工作计划和工作安排的所有内容，重新交回给管理者。

上述企业之所以会产生这样的失误，关键在于管理者在将权力授权给下属后，所采用的监督方式不当。也许“说者无心，听者有意”，本来管理者只是监督，并没有决定插手具体的生产计划，但其表达方式却带有很强的批评性和主观介入性，这就造成手下感觉做什么事都不尽如人意，自然也就不会有激发能力的积极性。

管理者在监督下属时，一定要给予其足够的施展空间，而且一定要注意监督的方式和方法。案例之中的管理者完全可以采用询问的方式来实现自己的监督，如“咱们的生产计划是每月保质保量完成具体的产量，为什么我们第一周就生产了计划的三分之一？有什么特殊的目的和效果吗？”

通过咨询的方式，不仅能够引导下属充分发挥能力，还可以激发出下属的自主性，也更容易促进彼此的沟通和交流。

经理之所以超额生产，目的是更好地了解生产部门的生产能力，以及摸清每个员工的能力，以便后续做出更加适合的工作安排。也就是说，其实经理早已心有腹稿，依托自己的能力安排好了未来的工作，可管理者的两次“抱怨”，完全限制了他的施展空间。

在恰当的时机给予指点

管理者在授权给员工之后，就应该足够信任他们的能力，给予他们足够的施展空间，从而让员工能够充分发挥自己的优势和才能。也就是说，管理者应该让员工放手在职权所在范围内处理各种问题，以便激发他们的创造力和工作热情。

当然，管理者的监督不能只看结果，还需要在工作过程中及时和员工深入沟通，以便了解他们在工作过程之中遭遇的问题和困难，同时让员工知道你是他们的坚实后盾。

员工在提出问题和困难后，管理者需要给予恰当的指点和支持，在维护好员工的自尊和荣誉感的基础上，引导员工放手去处理各种各样的问题，确保让员工少走弯路即可。

这样一方面能够减少管理者的工作内容，以便管理者能够将更多精力投入更加重要的工作中；另一方面也可以让员工获得更多锻炼的机会和提升的动力。

成为行动标杆，引领员工执行

虽然在企业之中管理者主要负责引领员工向正确的发展方向前进，但是这并不意味着管理者就只管下达指令。企业的发展、目标的实现，都是一次次任务、一件件事情不断“干出来”的。

从企业中不同员工的职责分工来看，好像管理者属于权力拥有者，只需要借助权力下达工作指令即可，员工则属于接受任务和工作、获取回报的工作人员，而管理者根本不需要参与具体的工作任务。

其实，企业管理者和员工只是具体工作性质不同，管理者的工作是指挥、管理、组织人员，而员工的工作则是服从、执行、达成任务目标。管理者需要承担的是整个企业发展、部门协调、任务保质保量达成的责任，如果管理者从来不参与和员工互动的各项工作，只是隔一段时间露面下达指令，进行指挥，长此以往必然会和员工产生无形的距离感，甚至到最后威信力都会逐渐下滑乃至失灵。

想要让企业中的员工宛如一个整体，能够统一行动提高工作效率，管理者最好能够不断以身作则，成为企业中的行动标杆，成为员工的榜样。这样不仅能够引领员工效仿，还能够展现出作为管理者的做事态度、精神面貌和行动准则。

作为企业管理者，若想要规范员工的行动，就需要严于律己，用相应的行为规范来约束自身行动，以便起到示范和榜样的作用。只有管理者全力以赴地去工作、去践行，才能够让员工效仿。

负面榜样永远无法获得认同

在教育行业，有一个通俗但重要的词汇——言传身教，而且“身教”的效果远远大于“言传”。在企业之中同样如此。企业的管理者就如同教育行业中的老师，想要得到员工的认可，首先自己就要身体力行。如果连你自己都无法做到，又有什么资格去要求员工？

通常管理者不论是下达任务还是评判工作效果，都期望员工做到“守时”，如开会、约谈、交付任务等，各种时间节点都显得非常重要。毕竟在如今这个竞争激烈的时代，时间就是金钱。

可是，如果管理者自己都无法做到“守时”，尤其是经常性迟到，长此以往必然会被员工认为不诚信，可能导致后续的领导工作和管理工作无法正常推进。作为管理者，偶尔迟到一两次，也许可以说是因为工作繁忙、事务众多，但若每次都如此，则无法让员工信服。

管理者如果时常以负面榜样出现，工作之中起不到带头作用，企业规范也从来没有切实遵守，那么就必然无法被员工认同。

一家以家电生产和销售为主的企业，发现近期市场上的家电产品开始趋于饱和。为了能够在竞争激烈的市场重新开拓出佳绩，企业老板将重任下达给研发部管理人员，希望研发部能够尽快研发新产品，更新迭代以便获取更大的市场份额。

研发部管理人员紧急召开了研讨会，期望能够快速落实研发任务。本来此次研发任务，老板已经给予了极大的支持，研发部拨款都已经准备好，只待研发部提交一个能够让大家认可的研究方案，就可以大刀阔斧地实施了。

可是研发部的研讨会连续开了数天，根本就没有任何一个员工提出建设性意见和合理的研发方案。研发部管理人员甚至也变得怨声载道，甚至不断讽刺手下的员工都是“废物”。

然而在研发部员工的眼中，真正的废物其实是研发部管理人员。他在接到老板的任务和支持后，根本什么都没有做，一直在等待员工能够给出一个合理的研发方案，自己都没进入过市场去调研，更没有收集信息，也没有亲自研究如今产品的研发突破口和市场需求。

一个管理者没有承载起领头羊的作用，却在背后议论员工，自然会被所有员工看不起，更不会被员工从内心认同。老板得知这样的情况之后，直接将研发部管理人员调任到了企业后勤部，同时紧急抽调了一位研发主管过来。

研发主管来到研发部，知道任务非常紧急，在简单了解了员工们的情况之后，很快就开始带头奔向市场，甚至很多天都在员工们下班休息之后，还在苦思冥想突破口。他殚精竭虑的精神感染了本不太熟悉的员工。随后一段时间，员工们也开始深入思考，纷纷献策，很快一个成熟又契合市场的研发方案就提交了上去！

管理者在带领团队时，如果一直以负面榜样出现，从来不以身作则。必然会被员工摒弃，不会获得丝毫认同。

以身作则才能成为标杆

想要打造令行禁止、执行力强的企业，作为管理者就必须以身作则。管理者只有做好榜样，才能够被员工认可，才能够引领员工按照对应的标准执行。

管理者的行为规范和准则，本身就带有极强的示范性，能够对员工起到很好的榜样作用。当管理者能够以身作则时，员工自然也会以高标准要求自身，在提高和锻炼自身的同时，带领企业共同发展和成长。

美国佐治亚州的一次禁酒令，催生出了如今世界知名的饮料——可口可乐。19世纪末可口可乐公司凭借创新的商业合作方式，拼装工厂很快在美国遍地开花，到20世纪20年代，可口可乐就已经占据了美国饮料市场极大的份额，并开始进军国际市场。到20世纪70年代，可口可乐就已经巩固了自己在国际市场的地位。

但是在20世纪70年代末，可口可乐却遭遇了危机，其国际市场遭到巨大冲击，全球市场份额波动剧烈，甚至出现了市场份额大幅下滑现象。之所以会出现这样的问题，一方面是因为可口可乐霸占国际饮料界霸主时间较长，危机感大幅下降，所以受到了在19世纪末横空出世，并经过数十年养精蓄锐，最终发展为可口可乐最大竞争者的百事可乐的冲击，另一方面则是可口可乐公司内部出现了不少情况。

当时可口可乐集团股票价值达40亿美元，在国际市场发展良好，因此集团内部开始出现懈怠情绪，从各部门领导到员工，都不再重视研发、市场开拓和提供良好售后服务。于是在强大竞争者出现时，可口可乐瞬间就陷入了被动。

为了缓解可口可乐的危机，也为了能够让可口可乐走出被动局面，1981年罗伯特·戈伊苏埃塔临危受命，成为可口可乐集团CEO。刚刚上任，罗伯特就改变了以前CEO的做法。以前可口可乐CEO制定了十分严厉的行为纪律规范，但这些规范完全不会约束各部门管理人员和企业的高层领导，只是强加于员工们身上，这就使得员工们怨声载道。而且以前员工看到各管理人员和领导都毫无开拓精神和进取意识，工作起来自然毫无动力。

罗伯特上任后，直接将强加在员工身上的规范撤销了。但是有规范是好事，其又被运用到了督促各部门管理人员、各层领导的身上。本来这种事让各管理层和领导层都非常不满，但是罗伯特身先士卒，明言这些规范同样适用于自己，开始以身作则，这一做法瞬间就让各层管理人员和领导无言以对。

罗伯特还对各层管理人员和领导下达了一道严格的命令：任何一位领导，在夏季都不能休假！因为夏季是可口可乐的销售旺季，自然也是生产旺季，在市场竞争越发激烈的时候，夏季休假就相当于临阵脱逃。这个命令从下达开始，罗伯特就一直没有在夏季休过假，在他成为可口可乐CEO的18年间从未打破。

在罗伯特以身作则的行为准则带领下，各部门管理人员和领导也不得不遵守严厉的规范。员工看到这一幕，内在的责任心也开始被激发，在罗伯特的榜样和标杆作用下，也开始重拾工作激情。

短短十几年过去，1993年可口可乐集团的股票价值就从40亿美元涨到了560亿美元。而且，在1981年之前的十年里，可口可乐集团每年给予投资者的回报率不足1%，但罗伯特上任之后，每年可口可乐集团给予投资者的回报率，都达到了30%！

罗伯特的以身作则，让他成了整个集团的行动标杆，大大鼓舞了员工的工作积极性，自然也就推动着企业得到了更快的发展。

其实上，任何企业的管理者如果想要当好领导，想要成为领头羊，就必须以身作则、严于律己，成为行动标杆，这样才能够引领员工加强执行力，从而潜移默化地影响员工的各种行为。榜样的力量不仅能够激发员工的激情，还会让员工从内心深处认可管理者，从而心甘情愿追随、奋斗、拼搏，与企业共进！

学会授权，但不能完全放手

企业的管理者在带领团队的过程中，企业内部事件十分烦琐、杂乱，因此管理者不可能事事都参与。这就需要管理者能够及时进行授权，通过自己的引导和方向指引，充分运用员工中各方面人才的能力，形成统一行动力来推动企业的快速发展。

然而，管理者授权并不是一件简单的事。最理想的授权效果，就是能够将自己从烦琐的杂事之中解脱出来，然后集中精力去处理影响企业发展的重大事件或任务，而其他相关职权则由不同的员工共同负责，最终达到统一行动、高效领导团队的效果。

洞悉职权的分类

管理者要想学会授权，首先就需要了解企业之中哪些职权能够授予出去，哪些职权不能授予；哪些职权能够全部授予，哪些职权需要控制授予的分寸，并进行一些限制！

在企业发展过程中，有一类工作可能会关乎企业的壮大、兴衰和稳定，通常此类工作的职权，管理者需要统一把控在自己的手中，以避免授权给员工后因为疏忽而导致企业陷入危机。

这类对企业而言十分重要的职权，通常包括不同部门的关系协调权、危机事件或重大问题处理权、重要人事的赦免权、企业机密业务了解和处理权等。这些工作通常都和企业的核心挂钩，稍微处理不当就可能导致严重的后果，因此需要管理者牢牢把控，不能向下授权。

除了上述这些对企业发展影响巨大的工作和事件完全不能授权之外，其他的工作和事件都是能够向下授权的。然而剩下的这些工作职权，同样也有不同的分类，管理者需要洞悉相关职权的分类，才能够更好地进行安排和授权。

其中有一类工作属于有较大难度和挑战性的工作，通常需要具备相关专业能力和知识技能的人才方能胜任，这类工作属于“可以授权的工作”。管理者在进行授权时，需要选择最恰当的人选，即此人选拥有对应工作需求的能力和知识。授权之后，管理者还需要时刻关注工作状态和进度，尤其是当被授权者遭遇困难和问题时，就需要给予人才对应的训练和指导，以便让其更快得到锻炼和提升。

另一类工作属于企业中多数员工足够胜任且可以完成得非常不错的工作，通常这类工作更偏重于日常公务，内容比较琐碎但关乎企业的顺畅运转，属于“应该授权的工作”。如果管理者不将此类工作授权给员工，就很可能消耗管理者巨大的精力。对于这类工作，管理者授权时需要尽可能了解企业实际情况，同时要选择好授权对象，确保工作不会出现大的偏差和问题。

还有一类工作，贯穿整个企业的各个部门，细微又烦琐，而且这类工作还有一个特点就是即便出现失误或问题，通常也不会影响整个企业的运转和大局。这类工作属于“必须授权的工作”，因为授权下去风险很低，更不会影响大局，而且不进行授权还会极大占据管理者的精力。

有些管理者对于此类工作并没有进行授权，从而导致了工作过程中非常疲惫，甚至随着企业的不断壮大显得越发力不从心。之所以没有将此类工作授权，可能是习惯问题，也可能是自身喜好问题，但不论哪一种原因，作为企业管理者都需要着力打破这种惯性。因为此类工作不授权的话，会极大影响企业的发展效率，甚至会影响管理者自身的成长。

把握授权程度的技巧

企业中管理者的授权，并不是简单地将对应的权力完全交给员工，也不是时刻监督员工，事事都过问，而是应该有智慧地授权：保持一种若即若离之感，一方面要会放手，给予员工充分的自主发挥空间；另一方面要会监督，能够有效把控员工的行动方向，避免员工为所欲为。

通俗来说，管理者的授权，最佳的状态就如同放风筝，用纤细又坚韧的线，来有效把控风筝的飞行方向和状态。当看到风筝过分跳脱时，就要将线拽紧（收），以监督的方式将风筝重新拽回轨道；当看到风筝过分紧绷时，则可以将线放松（放），让风筝能够飞得更高更远。

有些管理者在授权给员工之后，因为自己的精力不足，工作繁重，所以就会对员工不管不顾，只交代让员工拿出最终结果。这种授权方式，虽然能够让员工充分发挥自己的能力，但是没有一个指引和控制，很容易造成授权无法收回，甚至会导致这部分职权最后失控。

这其实都是完全放手导致的后果，甚至有时因为管理者的完全放手，还会让员工感觉这部分任务和职权并不重要，认为自己并没有受到重视，甚至工作的积极性也会降低。

真正的授权，不能完全放手，也不能过度管控，而是应该把握一个平衡。在具体的事项方面，管理者需要给予授权的员工足够的发挥空间，但是也要定期进行检查和监督，以便确保工作在正确的方向上运行。要把握好授权的松紧度，管理者可以从以下两个技巧着手，在工作中处理职权收放。

第一，管理者需要明确授权的核心目的是推动企业总体目标的实现，而企业总体目标需要管理者来掌控全局，无法假手他人。所以管理者授权后，需要将自己的绝大部分精力，投入到把控企业全局、企业发展方向上，不断从全局角度去把控工作过程，确保授权之后的所有工作，都能够以企业发展决策和目标方向为核心。

若发现授权的工作偏离了目标或方向，则需要及时进行纠正和引导，而且需要及时去处理工作之中出现的问题和矛盾，从而让整个企业能够统一思想、健康发展。

第二，管理者授权之后，需要不断去把握职权的收放松紧度，以便做到平衡处理，收放有度。授权之后不能管太松，同样不能管太严，既需要让员工感觉到有极大的能力发挥空间，又需要时刻警醒员工不要偏离大的方向。

要做到这一点，就需要管理者树立威严，以赏罚分明的制度和手段，让员工对职权、对管理者有足够的敬畏感，这样管理者才能更容易地进行管理和领导。职权授予员工之后，管理者需要在把控方向的基础上，给予员工足够的信心，支持对企业发展有益的员工决策，辅以指导来获得员工的信赖。这样既能有效锻炼员工的能力，又能够确保授予的职权在可控范围内。

有吸引力的企业文化，是统一行动的保障

企业发展过程中，会在管理者的带领下逐渐形成带有很强风格和特

性的企业个性，这种独特的企业个性会被整个企业认可并推行，其中包含价值观、处世原则、行为准则等。随着时间的推移和企业的发展，这份独特的企业个性，就会慢慢蜕变成独一无二的企业文化。

企业文化不仅是企业组织的重要核心部分，是企业员工统一行动的保障，也是企业发展和壮大的内驱力，是企业各成员精神动力、价值追求、梦想目标的凝聚，更是企业能够长久发展，不断吸引各种志同道合人才的根基。

企业文化和企业执行力虽然看似毫无关联，彼此之间犹如完全独立的个体。但深挖企业发展路径就会发现，企业文化和企业执行力其实息息相关，很多时候企业文化往往就是推动执行力的核心动力。

2006 年 1 月 29 日，加拿大萨斯喀彻温省的一家矿业公司发生了一次巨大事故——公司旗下的一处钾盐矿发生了火灾，共有 72 名矿工被困在了地下矿洞。所幸一天后（1 月 30 日），72 名矿工一个不少地被营救出来，而且所有矿工均毫发无损。这宛如一次奇迹，却存在着必然性。

归根结底，这次奇迹般的营救事件，根源在于这家矿业公司的企业文化。而这也是 72 名矿工被营救之后最骄傲的发言：“安全是我们企业文化的核心。”

因为这家矿业公司的企业文化核心就是安全，所以在日常工作过程中，“安全生产”早已经成为全体矿工的追求。他们都清楚地知道安全生产的各道流程，同时在遭遇紧急事态之后的处理方面，也做了各种各样的培训，可谓经验丰富。

正是因为以“安全”为核心的企业文化，让这家矿业公司在这次火灾之前，已经创下了连续 100 万工时没有事故的安全生产纪录，同时也为这次火灾之后矿工的成功脱险打下了坚实的基础。

在钾盐矿发生火灾之后，处在矿下不同工段的矿工，均快速通过无线电将矿洞内部险情、情况汇报到了地面，并且根据遭遇紧急事态后的处理经验，以地图为引导，快速就近撤离到矿洞内的“特别隔离室”。

同时，极富紧急事态处理经验的数个营救小组，在接到汇报之后2个小时内就全部到位，开始了紧锣密鼓的营救活动。

其中比较幸运的一点是，钾盐矿并不易燃，而且矿洞内的粉尘、毒烟等都不严重，所以整个营救过程中并未发生二次爆炸。这为矿工的脱困、营救小组成功营救奠定了基础。

矿洞之中的“特别隔离室”，也被称为“矿工避难室”。之所以会在矿洞内修建这种设施，就是因为矿业公司对安全的重视。虽然这个矿洞早在1962年就已经开工，历史悠久，但是其内部的设备和作业环境都非常先进，尤其是“矿工避难室”，更是从矿洞开工就一直更新。这是专门用于出现紧急事态后，被困矿洞的矿工进行躲避和等待救援的安全室，其可以完全封闭，内部拥有一套独立的呼吸循环系统，同时还有可供矿工坚持40小时以上的水、氧气、食物。

日常安全训练中，矿洞中的矿工接到通知，就会快速联系地面，并按照地图躲进最近的矿工避难室中。这次火灾出现后，矿工们就是按照日常训练行事，从而确保了自身的安全。正是这家矿业公司注重安全生产的企业文化，让这次事故成为众人眼中的奇迹！

无形的企业文化，有形的力量

如今的社会，不但竞争激烈、市场多变，而且随着市场的不断完善，客户群体也变得越发成熟。在这样的时代背景下，企业想要发展壮大，就需要依托优秀的企业文化。

企业文化并非一种有形的事物，但它是企业最核心的竞争力，更是企业发展的深层推动力。任何一位企业管理者，都需要在建立企业之初，就深刻认识到企业文化对企业的重要作用。

那么企业文化到底是什么呢？通俗来说，一个企业形成之后，其自身特有的管理文化、企业理念、企业价值观念等融合在一起，就是企业独特的个性文化。其必须具备明确的原则、坚定的信念，这些原则和信念，既是企业文化的核心骨架，更是企业内部执行力的核心动力。

很多知名企业，尤其是世界500强企业，都拥有能够强化企业执行力的优秀企业文化。例如，惠普公司的企业文化是对人的重视、尊重和信任。这种企业文化让惠普拥有了友善随和的企业内部氛围，同时惠普公司也一直十分重视对企业内部员工的关怀，尊重企业中任何一个员工的成就。这样的企业文化，让任何一位惠普员工，都能在公司感受到家一般的温暖，自然而然就会融入惠普这个大集体，并渴望能够为惠普做出更多贡献。

这种无形的企业文化，贯穿企业发展过程中的各个环节。受到企业文化的影响和熏陶，企业的各个员工都会自然而然形成一种有形的力量，为了共同的目标而不断努力。

塑造优秀且吸引人的企业文化

纵观国际上比较知名、历史悠久的企业，会发现不同的企业形成的企业文化也会有所不同。其实企业文化的塑造没有现成的模式能够照搬，每一个企业在塑造企业文化时，都需要经历拟定、修正、完善这一系列过程，而且在形成企业文化之后，还需要根据企业的发展和市场的变化，进行创新、更迭。

虽然企业文化的塑造无迹可循，但是企业文化依旧有其形成的特性和准则——均是围绕执行力而创建与完善。具体而言，想要塑造优秀且吸引人的企业文化，可以从以下三个层面着手。

首先，作为企业管理者，想要塑造优秀的企业文化，就必须在带领企业发展的过程中一直秉承诚实守信的经营理念。这是企业在市场站稳脚跟的基础，也是企业得以发展壮大的前提。人无信而不立，企业若失信，将更加没有生存之路。

通常企业诚实守信的经营理念，需要从内部着手构建，尤其是管理者提出的各种激励、奖惩、承诺，必须一一兑现。以企业内部的一个部门为例，当该部门所有员工都在紧锣密鼓加紧完成工作任务时，部门领导为了激励员工，提出员工若保质保量完成工作任务，就将公司下发的部门奖金全部用于员工的业余娱乐和聚餐之中。这份承诺，必然能够有效激发员工的工作积极性。当真正完成工作任务后，部门领导就必须将这份承诺兑现，否则必然会失去员工的信任。

其次，企业管理者还需要在工作过程中，保持务实创新的精神。要务实，就不能夸夸其谈，做事就不能敷衍了事，而是要工作件件落实，任何一项事务都要牢牢把控，使整个企业能够踏踏实实不断向前迈进。而创新精神，是如今市场环境下企业发展必备的能力，管理者在引领企业发展时，必须在务实的基础之上，不断鼓励员工努力创新，开发员工群体的智慧，带领员工不断去钻研和突破，以实践为基础，一步步推动创新研究落实到位。这样才能够不断激发企业的生命力。

最后，企业管理者还必须以身作则，树立以人为本的理念。真正的以人为本，涉及两个层面：一个是企业内部员工，管理者必须尽可能满足员工的物质和精神需求，这样才能够有效吸引员工共同奋斗；另一个则是企业外部，针对的是企业的客户。客户就如同企业的衣食父母，因此管理者要树立起客户至上的服务理念，只有满足客户的需求，才能够让企业在社会拥有立足之本。

沟通篇

与员工进行高效沟通

广泛发言，才是真正的沟通

真正的沟通交流，是一种信息互动、交互并产生新信息的行为。作为企业的管理者，要想在企业内形成真正的沟通机制，就必然需要给予员工足够的空间和机会，让员工能够广泛发言。

通过员工的发言，管理者能够有效了解不同员工的想法，了解他们想要表达的内容以及内心的需求等。管理者和员工本就属于统一行动的团队，因此对员工进行深入的了解，也更有利于做出对企业、对员工、对自身都好的决策。

1960 年，刚刚 25 岁的杰克·韦尔奇加入了当时世界上最大的多元化服务性公司——通用电气公司，开启了自己的职业生涯。杰克进入公司之后就开始了第一场奋斗，他耗费了巨大的心血和精力，运用了一年的时间，为公司建立起了一个完善的制造化工新材料的示范工厂。

本来，杰克以为自己拼命建立起工厂，获得了公司极高的年度评语，因此会获得提拔和加薪，甚至可能会让自己负责工厂的后续材料制作与管理。可惜当时的通用电气公司有一条标准：不论表现好坏，每个人都会获得同样数额的加薪。

在这一刻，杰克感受到了这家巨无霸公司的官僚主义风格和僵化的管理制度，一时间失望透顶，决定辞职。杰克的部门管理者听到这一消息非常震惊，于是在杰克离开之前的一天，邀请了杰克共进晚餐，通过长达 4 个小时的沟通，终于留下了杰克，条件就是确保杰克不会受到官僚主义影响，更会为杰克提供一个舒适的工作环境。

杰克留下了，而且将这种沟通方式和用人机制深深印在了内心深处。

直到1981年，通用电气公司陷入了极大的困境之中，臃肿的公司部门、深入骨髓的官僚主义、僵化的管理模式，让公司发展越发艰难，杰克临危受命，成为公司历史上最年轻的CEO。

杰克一上台，就开始进行大刀阔斧的改革。要想让公司走出困境，就必须完全改变公司的现有模式。其中一项就是沿用曾经留下自己的那种用人机制，同时也开始着力改变已经深入骨髓的官僚主义。

杰克用的一招，就是让员工能够毫无保留地发表意见，并宣布要将公司改变成一家没有发言限制的公司！改革实施之后，自然会有一段时间适应期，当有一个年轻员工大胆提出“公司甚至没有管理”的质问后，他并未受到处分，但几周之后公司内部的管理层，就进行了一次巨大的调整！

之后每年，公司都会举行一次由普通员工参与的广泛发言、提出意见的会议，每一次杰克都会耐心倾听并记录各种意见。这种模式，让员工拥有了真正与管理层沟通交流的机会，也给公司带来了生机，员工的积极性、责任心都得到了很大提高。很快通用电气公司就宛如新生一般，发展得越来越好。

给予员工发言的机会

作为企业管理者，要想为员工创造广泛发言的机会，首先就需要给予员工足够的职权，让其参与到公司决策探讨之中。

在放权给员工之后，管理者依旧要听取员工的各种意见，并给予员工足够的信任，对于提出建设性意见的员工，更要给予支持和奖励。只有这样，员工才会真正从内心深处认可企业和管理者，才能够真的畅所欲言。

其次，因为员工通常无法做到从企业全局出发，所以绝大多数时候他们提出的各种意见，都会站在个人立场或部门立场，是为了给自己争取更多利益，这就造成员工提出的各种意见，很可能会有两极分化的矛盾和冲突。

这些基于意见的矛盾和冲突，就可能会引发强烈的争吵。这时，管理者一定要暂缓决策步伐，同时要正视这种争吵，因为争吵行为的出现，可以让员工更多表现出自身最关心的利益。在争吵过程中，管理者也就拥有了洞悉员工内心需求的机会，从而思索出应该遵循何种原则，才能够更好地满足员工的需求，最终使决策更加完美也更容易执行。

需要注意的是，管理者既然要给予员工广泛发言的机会，就必须做到不在事后追责。毕竟员工提出的意见，最终的目的是让企业更好地发展，让自己拥有更多发展机会。

打消员工讲真话的顾虑

管理者通过转变理念和态度，给予员工发言的机会之后，还需要注意，有时员工会因为各种各样的顾虑，不敢说真话、说实话，到最后员工只提出了一些不痛不痒的通俗意见，毫无建设性。如果管理者不认真对待，还可能被员工认为是形式主义。

因此，管理者一定要及时构建特定的沟通渠道，打消员工讲真话时的顾虑，以便从员工那里听到真实的想法和意见。

管理者可以专门开通热线或私人邮箱，允许员工匿名说出各种各样的意见。通过这种方式，在获取到员工真实意见后，管理者应选择出对应建设性意见予以实施，让员工们看到企业的改变，这样员工再提出真实意见时，就不再有太多顾虑。

也可以通过特殊的会议形式，来减少员工暴露的风险，如可以通过小组洽谈、网络会议、私人会议等，让参与其中的员工减少顾虑，说出内心的真实想法和意见。甚至可以采用特定的游戏聚会模式，如采用“真心话大冒险”的方式，让员工在娱乐时说出真实意见。

还可以采用调查问卷的方式，电子形式和纸质形式均可。可以针对企业愿景、企业目标、企业文化、企业战略等决策性问题，广泛收集员工的想法和意见；也可以通过提出部门工作情况、人际关系问题、工作适应性、个体需求等相关员工个体或部门的问题，收集员工意见。

这种调查问卷形式普及性较高，同样采用匿名方式，也能够有效减少员工的顾虑，从而收集到更加真实的意见。

最重要的就是，管理者在减少员工顾虑之后，还需要针对这些真实的意见进行认真思索和完善，以便满足员工需求，减少公司内部的矛盾和问题。一定要通过真实且可见的改变，让员工感受到他们的意见得到了认可和重视。

长此以往，待员工信任度更高之后，就可以采用特定的奖励制度，通过需求满足的方式来推动员工更放心地畅所欲言。

正确赞美让员工干劲十足

不论是在日常生活中，还是在工作过程中，相信没有任何一个人喜欢其他人的指责、挑刺，即使是真的犯了错误，也不喜欢被其他人直白地批评。

与之形成鲜明对比的，则是无论孩童还是成人，无论事件大小，只要受到他人的赞美，即便是简单的几句追捧和夸赞，也会让人心情愉悦。

在管理者领导员工、管理企业的过程中同样如此。简单的问候、关怀、夸奖，乃至一个真诚的微笑，都可能会让员工心生愉悦。甚至很多时候，企业中的正确赞美，还能够有效提高员工的工作积极性。

从沟通交流的客观角度分析，肯定和赞美、认可与夸奖，都能够有效提高对方的信心，鼓舞对方的士气，甚至能够给予对方源源不断的动力，并推动对方不断前进。

在企业发展过程中，管理者一定要重视赞美的力量。尤其是与员工沟通交流时，完全可以借助正确的赞美，加强员工的信心和动力，从而让员工们工作时能够干劲十足。

把赞美当作动力和武器

也许，有些管理者会认为，在企业中对员工进行赞美，可能容易让员工产生自大、自满的情绪，甚至可能会让员工骄横、眼高于顶，长此以往员工就会不服管理。

其实，管理者对员工的正确赞美，并非简单的夸奖，而是需要管理者努力去挖掘和发现员工的长处，从尊重员工个性、人格和努力等层面进行赞美。这样才能让员工感受到你的真诚和关怀，也才能够认可你的赞美。

在企业之中，有时正确的赞美能够成为员工不断进步的动力和武器，尤其是管理者对员工的正确赞美，不仅是一种认可，还是一种内在的鼓舞，能够激发员工的工作热情和内在潜能，使他们更加努力地奋斗和拼搏。

花总在20世纪80年代刚刚改革开放时，就毅然决然下海开始经商，同时也是为了实现自己的梦想：让女性朋友更加健康美丽。根据这一梦想，花总开创了一个专营女性化妆品和护肤品的企业，而且在创立之初，就明确了企业的价值观念和明确的企业使命。其价值观念为乐善好施、积极乐观与平衡；其企业使命则是丰富女性的人生。

为了能够打开女性市场，花总不断地从各地学习各种以天然材料为基础的化妆品和护肤品配方，逐渐挖掘出了多种女性美容产品，并以此为主营业务，开始大力进行产品推广。

因为企业所经营的业务是美容产品，为了扩大知名度和营销范围，花总时不时会在新产品研发出来之后，亲自带领团队到各地参加产品展销会；而且因为企业的使命和花总自己的梦想，她所创立的企业更倾向于为女性提供工作岗位。这一方面是为了提供更多就业岗位，同时能有效提高女性的自信心，另一方面也是为了让进入企业的女性能够更加健康美丽。

为了实现这一目标，花总在企业内部规定了一条非常有意思的规则，就是不论是谁，在面对任何员工时，都需要尽可能挖掘和发现他们的优点，而且要根据他们每一次的表现，真诚赞美员工。

有一次，花总的企业在一场产品展销会上推销自己开发的新产品，展会中有一名刚刚进入企业的美容顾问，她因为对企业的产品业务并不熟悉，而且对公司的产品优势了解不够透彻，所以一连好几次都没有卖出产品，而其他美容顾问早已经为企业拉到了很多用户，动辄就是数千元的销量，有些美容顾问甚至签下了数万元的大单，还有些签下了某些代理商下一个季度的货品供应合同。

这位新进企业的美容顾问和其他人一比，尴尬到了极点，甚至一直到了展销会最后一天，她才费尽口舌卖出了进入企业以来第一件产品，一件仅仅售价数十元的产品。这个销售额可谓企业在这个展销会中最低，这让这位新人感到非常难受，心情非常失落。

恰好她卖出人生之中第一份产品之后，花总来到展销会进行盘点和咨询。了解到这位新人的情况后，她专门找到这位新人，并非常亲切地和她聊了起来，最后在临走的时候，还不吝夸奖，称赞这位新人能够通过自己的努力和沟通，将完全不了解的企业产品优势捋清，甚至还卖出了第一份产品。而且还用对比的方式对这位美容顾问进行了安慰，原来花总最开始创立企业后，开发出的第一份产品她耗费了数月才卖出去！

花总的这份赞美和鼓励，让这位新人备受鼓舞。在接下来的几个月里，这位新人一直极为努力地学习，参与了各种产品培训和销售培训，同时抛开了自己的不自信，不断向有经验的美容顾问进行请教，很快就在企业美容顾问中站稳了脚跟。

赞美也要有分寸

管理者赞美员工是为了激发员工的热情、提升员工的信心，以便员工能够更加自信地工作、提升自己。但即便是正确的赞美，也要有一定的分寸，即需要真诚的赞美，而不是刻意的赞美。

管理者赞美员工时之所以要挖掘和发现员工的长处，就是为了能够对员工有更深的了解，以便使员工取得更大的进步。

赞美的程度也和文化背景有巨大关系。比如，在和美国企业进行合作的过程中想要对其进行赞美，最佳的手段就是以最高级为准，在一定程度上夸大赞美力度，因为这是美国本土的文化特性。然而在中国赞美他人时，就需要将赞美的力度稍微收敛，宛如朋友之间的真实夸赞即可，若过分夸大，就会让人感觉虚情假意。

从整个企业角度来说，管理者不仅要对个体员工进行恰当正确赞美，还要对各个团队进行恰当赞美。不论是哪位员工，只要表现优秀，管理者就需要及时给予赞美和奖励，千万不要等工作热度已经过去了，才想起要赞美员工。如果时机不恰当，不仅赞美效果会大打折扣，甚至还会引发员工的不满。

同时，管理者在赞美员工时，还需要注意平衡，不能因为管理者对某位员工认可度高，就表扬过多，也不能因为有些员工曾经犯错或者出现过问题，即使工作完成优秀也不给予赞美。真正有度、有分寸的赞美，应该是针对工作特性和员工性格，不厚此薄彼地进行赞美，让绝大多数员工都能够感受到管理者的关注和认同。

批评不是目的，提升才是根本

管理者在带领团队时，需要根据员工的优势和特点，给予恰如其分的正确赞美。这样不仅能够让员工的工作热情更加高涨，还能够有效提高员工的积极性和自信心。

在工作过程中，员工难免犯错，这就要求管理者学会恰当的批评。尤其是当员工犯错之后，如果没有对应的批评就属于纵容员工的错误，甚至会导致员工在后续的工作中依旧犯错。这样不仅会害了员工，还会影响企业的发展和团队的融洽。

但是，管理者对员工的批评，需要明确一个目的，那就是能够借助批评有效帮助员工提高对错误的认识，从而纠正错误的行为、观念或态度，获得对应的提升，减少后续工作中犯错误的概率。

灵活运用批评与赞美

作为工作上的伙伴、企业中志同道合的朋友，管理者和员工之间虽然有上下级的关系，但是这种关系仅存在于工作范畴内。不论是生活还是工作中，没有任何一个人会是完美无缺的，因此工作过程中犯错误不可避免。

管理者面对员工的问题、不足、错误，自然期望能够借助批评和指正，来避免员工犯错，同时推动员工获得提升。可是纯粹的批评、直接的指正，也可能会伤害到员工的自尊心，甚至可能致使员工产生抵触心理；可是如果说得太过委婉，有些员工可能根本无法了解到其中的内涵，从而根本意识不到自己的错误和问题。

如果员工在工作之中出现了错误，而且自身也已经意识到，但是不知道该如何改正或挽回，这时他们内心必然也会出现紧张或无助的感受。此时管理者如果太过单刀直入进行批评，就会打击到员工的信心。他们只是没有寻找到解决问题、改正错误的渠道，直接批评而不给予指点还是无法解决问题，甚至还会加重员工的压力。

针对上述情况，管理者完全可以灵活运用批评与赞美，不要直接进行批评，可以通过欲抑先扬的方式，先肯定员工的工作态度，让员工的热情提升起来，然后再运用指点的方式进行批评和指正。

某一家企业管理者新招来了一名工作秘书，因为管理者经常需要各种文件，所以秘书的主要工作就是为他准备文件。可是这位秘书虽然长得漂亮，工作态度端正，为人处世也可圈可点，但就是容易粗心，在准备文件时经常会出现一些错误和小问题。

这位管理者虽然平时比较沉默寡言，但是指正员工却很有一套。这一天，秘书为他准备的文件，再次出现了一些细微的问题和错误，于是在进入办公室之后，等到秘书前来回收文件时，管理者微笑着开始夸赞秘书："你今天的衣服非常漂亮，能够很好地衬托你的年轻漂亮！"

秘书感觉很惊喜，因为沉默寡言的老板竟然在赞美她，听到赞美的秘书非常开心和激动。之后管理者继续微笑着说："可别骄傲啊！如果你在处理文件的时候能够更加细心、注意检查错误，让文件也能如你的衣服和容貌一般漂亮，那就更加完美了！”

秘书听了之后也意识到了自己的问题，自此开始按照管理者给予的指点，每次都细心检查文件，逐渐她准备的文件中的错误和问题越来越少，工作能力有了很大提高。

无独有偶，另一家以代理销售发家的企业，管理者建立企业之后曾三令五申：员工外出面见客户时，需要统一穿公司的正装，一方面为了提升企业品牌知名度，另一方面也是为了规范员工的行为。可公司有一位女员工洽谈能力很强，但就是对公司面见客户需着正装的要求视而不见，经常穿着自己的职业装去面见客户。而且这位员工还经不起批评，遭遇批评不仅会找人哭诉，还会影响工作。

管理者不能放任她无视公司的要求。于是管理者想到了“萝卜加大棒”的方法。他将公司同事集中起来召开了奖励会，极力对这位“刺头”进行赞美，夸她不但形象好气质佳，而且客户经常称赞她的能力。

这番话让女员工心花怒放。不过管理者之后就提出了一个“美中不足”，女员工也想知道到底是什么。管理者这时才以客户的角度提出：“客户提议如果着装能够更加象征品牌一点，魅力会更足。我认为咱们公司的正装就非常合适，下次你可以尝试一下，说不定就能成为公司的形象大使！”

女员工若有所思地点了点头，后来开始以公司正装面见客户，年底的时候管理者真的将她评为了公司的形象大使。

很多时候，管理者如果直白地批评员工，一针见血地指出员工的错误，很可能会让员工产生负面情绪，从而影响工作。但是如果能够先将员工的优点提炼出来进行赞美，借助赞美不经意间将员工的错误指出，给予恰当的改正建议，引导员工可以做得更好，相信员工都能够虚心接受，并着力去改正错误。

学会特殊的批评技巧

除了以赞美为开端激发员工的热情和自信，再恰如其分指出员工的错误和问题，促使其努力改正这种方法之外，有时管理者也可以直接对员工的错误进行批评，但是要学会一些较为特殊的批评技巧。

例如，可以从没有人可以完美的角度，以理解和宽容的语气，旁敲侧击指出员工的错误和问题，甚至可以用自身来举例，让员工有一种认同感，员工自然能够理解管理者的良苦用心，从而努力去改正错误。

又如，可以通过特殊的探讨会或批评会，借助特定形式来指出员工的错误和问题，同时虚心接受员工对管理者自身提出的建议，委婉地进行批评。这样借助探讨的形式，能够让员工感受到管理者的良苦用心。

如果在工作过程中，员工犯错有一定因素在管理者身上，这时管理者可以与员工共同承担责任、一起改正错误和问题。这样更容易让员工产生认同，并反思自身并改正错误。

如果员工在工作中犯了错误，同时员工自身又有很强的潜力可挖掘，员工个性好强，拥有很强的自尊心，管理者就可以用激将法来推动员工努力，激发员工的不服输精神，从而使其更快地改正自身的错误。

而如果员工本身情绪非常敏感，又有较强的进取心，当他们犯错时，管理者就可以采用给予员工足够期盼的方式，希望员工能够更好、更快地改进。这样员工就会奋发图强，从而不断努力改正错误，并针对性提升自身能力。

对员工的怨气不要视而不见

任何人在日常和工作过程中，都难免会有情绪失落、遭遇困难、被人误会等情况，尤其是在工作中，受到批评、工作遭遇问题却无法解决、被领导安排不喜欢的工作等，都有可能使员工出现心情低落、怨气横生、郁闷烦躁的负面情绪。

这些负面情绪和怨气容易积压、壮大。这些怨气和负面情绪若不能及时排解出去，很有可能成为“定时炸弹”，在某一时刻爆发，对工作、生活都产生巨大的负面影响。

作为企业的管理者，千万不能对员工的怨气和负面情绪视而不见，因为这些负面因素很可能会对员工产生伤害，还会影响员工的工作效率，甚至会形成一个负面情绪的传播站，导致整个部门乃至企业都怨声载道，对企业的发展极为不利。

所以，管理者需要及时发现员工的情绪变化和思想变化，并运用合适的方法及时去排除这些不和谐的元素，疏导员工重新获得正面的情绪。这样整个企业才能够在健康的氛围之中快速发展和壮大。

有一次，索尼创始人盛田昭夫到公司食堂吃饭，偶然间发现一个非常年轻的员工有些郁郁寡欢，一点精神都没有，吃饭都心不在焉、心事重重的样子。盛田昭夫非常奇怪，于是坐在年轻员工对面与其一同用餐，然后攀谈起来。

年轻员工并没有认出盛田昭夫。攀谈中盛田昭夫得知，年轻员工是一个名牌大学的毕业生，而且因为对索尼非常向往，所以毕业后就争取进入了索尼公司。他本身就非常喜欢一些小发明、小改进，进入索尼公司恰如其分。

可是没想到，该员工进入索尼的这一段时间，内心感觉到郁闷不已，他感觉自己根本就不是在为索尼公司工作，而是在为自己的顶头上司工作。他的所有行动、任务、工作都需要经上司批准签字，自己的那些发明和改进，根本就入不了上司的眼，也得不到上司的支持，还时不时会受到嘲讽。

这样的工作经历，让该员工感觉非常难受，心中抑郁不已。盛田昭夫听到该员工的抱怨和阐述，才深切感受到索尼公司的内部出现了巨大的问题，因为他偶然之间来到食堂用餐，就遇到了郁郁寡欢的员工，所以这种事在公司内部必然已经很常见，那么这位员工的烦恼和怨气，在其他员工身上肯定也普遍存在。

盛田昭夫离开食堂后，开始深入思索，如果年轻员工的这种抑郁和怨气存在于很多员工身上，就必然会阻碍公司的健康发展，而且也会影响这些拥有上进心和创新精神的年轻员工施展才华。盛田昭夫决定，要从人事管理层面进行改革，以适当的手段来消除员工日益积压的消极情绪和怨气，并给予员工们一个出头的机会。

很快，索尼公司出现了一个内部小报，小报的内容就是刊登各部门招贤的信息，且明确写出了员工可以自荐，能够自由且秘密前往应聘处，员工的上司不得以任何理由阻拦，否则撤销其领导职务。很快，公司中就出现了一大批有才能、有拼搏精神和上进精神的年轻员工，并成为公司研发和创新领域的顶梁柱，索尼公司的新产品也开始层出不穷！

尽可能减少怨气的滋生

盛田昭夫在发现员工因为工作中遇到的问题，开始出现怨气和负面情绪后，就开始寻找最恰当的方式。可是员工的怨气滋生，源于公司的管理制度——身份的差距，极大限制了员工的发展，甚至使员工失去了工作热情和研发激情。这完全与索尼公司的核心企业文化相违背。

于是，盛田昭夫借助管理制度的改革，在公司内部打造了一个平台，一个能够调动员工积极性和自主性，能够避免员工不断滋生怨气和负面情绪的平台，不仅挖掘出了很多具有创新性和创造性的优秀员工人才，还使员工拥有了发挥自己能力的平台，从而有效减少了怨气和负面情绪的滋生。

除了这种打造平台，从公开层面减少员工怨气和负面情绪滋生的渠道外，企业管理者还可以根据员工的状况和企业内部的情况，以情绪疏导员的身份，私下找到员工进行沟通交流，减少员工内心积压的怨气，减少负面情绪的滋生。

因为员工已经开始积压负面情绪，所以在与管理者沟通交流过程中，员工可能会爆发情绪，因此管理者首先就需要有足够的耐心，一步步引导员工将内心的情绪抒发出来，并让员工借助抒发情绪的过程，将负面情绪和怨气滋生的源头一步步暴露出来。

其次管理者需要做好倾听者，在员工发泄情绪的过程中，不要进行阻拦和劝慰，而是要引导员工及时将情绪都释放出来，以换取内心的疏解和顺畅。而且，通常情况下员工的怨气和负面情绪爆发出来时必然已经积压已久，管理者不妨以倾听者的身份来了解清楚内情，以便找到最恰当的解决方案。

最后，管理者在确保耐心足够、认真倾听的基础上，还要端正态度，尤其是要给予员工足够的尊重，不能漫不经心或毫不在乎。时不时需要给予认可、引导，让员工感受到管理者的关怀和尊重。同时要站在员工的角度去看待各种问题，这样才能找到员工出现怨气和负面情绪的根源。

这样的私下沟通，既能够及时挖掘出员工的怨气和负面情绪，以便更快解决员工的问题，又能够更快发现企业内部的各种问题和漏洞，从而抽丝剥茧寻找到减少怨气滋生的手段和方法。

打通怨气的疏导渠道

企业发展过程中，员工难免会出现各种不良情绪和怨气，虽然管理者可以借助各种手段和方法，尽可能减少怨气的滋生，但是不可能完全将其消除。因此，管理者还需要在企业内部打通一条怨气的疏导渠道，必须让此渠道切实有效，能够有效疏解员工们的负面情绪和怨气。

具体的疏导渠道，管理者需要根据自己企业的内部状况和实际情况，灵活建立。比如，可以在企业内部建立心理疏导中心，这需要公司内部拥有较为专业的心理咨询师，通过心理疏导中心来为员工疏导和释放负面情绪，同时让员工拥有健康的心理，提升员工的心理素质，使员工能够更加舒心地工作。

又如，有条件的企业可以建立相应的健身、娱乐场所。虽然员工的怨气或负面情绪来自心理层面，但是健身娱乐活动能够有效引导员工宣泄各种情绪，而且能够促进员工的身体健康。当然，根据不同的员工需求，健身娱乐项目可以设立得更加丰富，如可以增设陶冶艺术情操的娱乐项目，以便员工培养自身兴趣，缓解内心的压力和愤懑。

企业还应该为员工提供适当的休闲机会，如旅游、团建等，既能够有效提高员工之间的默契程度，培养团队精神，又能够让员工借助休闲机会开阔视野、放松身心，这样就能够使员工在很大程度上消除内心的负面情绪和怨气，从而以更好的状态投入工作。

解决矛盾需要公平公正

在企业发展过程中，人才遍地、项目众多、部门林立，大家同处一个企业组织之中，虽然没有各种纷争，但毕竟每个人都是独立的个体，而且拥有独属于自己的性格与理念，所以工作过程中难免会出现各种各样的矛盾冲突。

工作中员工之间出现矛盾冲突很正常，因为行事准则和个性的不同，员工之间合作难免会出现磕磕碰碰，矛盾冲突也就随之而来。作为管理者，一定要注意员工之间出现的各种矛盾冲突，因为一方面矛盾冲突的出现，很容易影响员工之间的合作，从而对企业的发展不利，而且容易对员工本身的发展产生一定影响；另一方面如果员工之间的矛盾冲突不及时得到解决，整个团队就无法拧成一股绳，工作效率和效果也会大打折扣。

遵循大局观化解矛盾

有些管理者在企业发展过程中，发现员工之间有了针锋相对的矛盾，甚至开始闹得不可开交、影响工作效率时，就会以一种强势压服的态度，解决掉员工的矛盾，如各打一棒，让两人共同受罚。

其实，这样的方式不能从根本上解决员工之间的矛盾，而是仅仅压制了矛盾。短期内可能员工彼此会维持表面和平，但是因为矛盾只是被管理者的权力强势压下，员工之间的矛盾依旧存在，所以一段时间之后，被压制下去的矛盾就会再次浮出水面，甚至会爆发出更加激烈的矛盾。

也就是说，管理者如果采用压制乃至威胁的手段，去处理员工之间的矛盾时，根本就没有缓解掉矛盾冲突，更无法起到长期效果，甚至可能会让员工非常不服气，从而影响管理者在员工眼中的形象。

管理者应该真正尊重员工彼此的个性和特点，认识到彼此出现的矛盾冲突需要化解，并分析其严重性，这样才是对待矛盾的正确态度。想要化解员工的矛盾，管理者需要从大局观角度、从企业组织发展的角度出发，推动员工打破沟通障碍，真正解开彼此内心的疙瘩。

当然，这里的遵循大局观是要从员工的角度出发，以与员工息息相关的内容，促进员工能够慢慢冷静，认真思考，尝试交流，最终冰释前嫌。

一家外贸公司以出口特色产品为主，本来公司在两个市场开拓部门的共同努力下，已经在国际市场站稳了脚跟。可最近一段时间，两个市场开拓部门的管理人员产生了矛盾，开始是因为销量和产品的问题争吵，后来两人因为个性不合矛盾越发深刻。

最激烈的一次争吵，让两人的矛盾冲突到达了顶峰，甚至俩人有了不再合作的征兆，这让公司老板非常头疼。原来，两人之中的一人，没有和另一个人打招呼，直接与国外的一家企业签订了一笔订单量极大的产品销售合同，这就导致公司的生产部门根本没有余量产品，另一个人想和客户洽谈都没有底气，为了此事，两人争吵更甚。

公司老板知道，自己需要尽快解决两人的矛盾，而且需要尽可能地让两人重归于好，再次通力合作，否则公司必然岌岌可危。老板深思许久，从两人的矛盾开始往前一直回顾，想到了两个人一起合作为工作做出的贡献，同时想到了两人最初时彼此照拂所培养出的深厚友谊，很快，老板有了主意。

老板先找到签订了大合同的部门管理人员，简单了解他最近一段时间的情况后，提到了签约的问题，于是开始表明自己的态度："不得不说，你签订的大单为公司开拓了更大的国际市场，而且后续的利润不菲。但是我并不太满意你最近的表现，甚至也不太认同你的行为，因为公司的生产量已经达到了最大，短期根本没办法再提高，这意味着我们可能会损失掉其他市场的单子。所以，我希望你能够好好思考一下，我们公司的核心竞争力到底在哪里？又为何拥有这么强的竞争力？你们的合作在公司到底占据什么位置？我希望你后续的行为能够让公司向更好的发展方向转化。"

同样的态度，也在之后由老板传达给了另一个人。两个人都很快意识到了公司如今所遭受的危险，而且也意识到了两个人的矛盾其实根本不算太大的问题，只是因为随着企业的发展，两人所承受的压力越来越大，所以开始不自觉地比拼，以便督促两人一起前进。但也因为两人的比拼和竞争，导致了矛盾冲突越发显现，甚至最后险些断送彼此的友谊，更是让公司陷入了发展僵局。

想清楚的两人，意识到了问题，在老板公平公正的化解下，矛盾开始缓和，也开始重拾友谊，共同为公司遭遇的问题和困境拼搏。最终两人冰释前嫌，解决了生产效率和订单的问题，为公司创造了更多的价值。

妥善处理员工间的各种矛盾

在企业发展过程中，工作事务繁多，员工之间难免会出现各种各样的矛盾，管理者需要在员工出现矛盾冲突之时，及时化解矛盾，避免矛盾激化，并遵循特定的原则，妥善处理各种矛盾。

首先，管理者需要在处理矛盾之前，进行详细又客观的调查，没有调查就没有发言权，而调查的重点有三个：一是客观了解矛盾产生、发展、激化的源头，矛盾后续趋向如何；二是矛盾涉及的员工到底有什么理由、要求、冲突点，以及员工期望的结局；三是员工所产生的矛盾是否触及原则性问题，包括是否损害企业发展、是否影响员工个体、是否触碰了道德规范。

其次，调查清楚上述这些内容后，则需要管理者确立一个处理矛盾的标准，也就是处理矛盾之后，希望达到哪种状态。而且这个标准，需要和矛盾相关者的需求挂钩，该标准通常也和企业阶段性工作目标、企业发展方向等相关。因此管理者在确立标准时，一定要衡量好具体的尺度。

再次，在确立标准之后，管理者处理矛盾时要秉承客观公平公正的处理态度，这是解决冲突的基础和保证。这就需要管理者在处理矛盾时放下自己的喜恶和偏爱，抛去各种成见和主观臆断，所有处理必须从客观角度出发。如果矛盾出现的源头和管理者自身工作有关，那么管理者要勇于承担责任，这样才能够服众，进而妥善处理矛盾。

最后，处理矛盾的出发点，是为了化解矛盾双方的心结，以便今后他们可以更好地合作，所以管理者在处理矛盾时，要采用对矛盾双方均有利的措施，使双方的怨气、问题、冲突都能够平息下去。而且，真正处理矛盾时，还需要循序渐进，因为矛盾双方通常会因为对立，情绪比较激动，所以在化解矛盾时，管理者一定要保持耐心，从乱成一团的线团之中，仔细找到线头，一点点将其解开。这样才能够最终化解矛盾，让彼此都信服和满意。

不要忽视暗示的激励作用

从古至今，有很多关于心理暗示方面的激励故事。广为流传的“望梅止渴”“画饼充饥”，其实都是在阐述以积极的心理暗示，来激励人获得力量、消除负面情绪。

梅子很酸，却能够激发人们口中的津液，所以在缺水的情况下，以观望梅子的方式，想象自己在吃梅子，暗示自己的大脑，就会自然而然在口中生出津液，就如同有了水喝一般，从而起到止渴的作用，这就是望梅止渴。画饼充饥同样是暗示的力量，只不过从水变成了食物而已。

日常生活中，暗示能够起到非常重要的激励作用，在工作过程中同样如此。在企业发展的过程中，管理者不能忽视积极的心理暗示，因为这些暗示能够对员工产生很大的激励作用。暗示其实属于一种话不明言，仅以含蓄或隐蔽的方式予以传达，让其他人自行领会到意境的手段。

在《西游记》中，孙悟空在尚未修行之前曾远渡到菩提山求道，有一个小情节是菩提老祖讲完早课，拿戒尺在机灵的小石猴头上敲了三下。于是在当夜三更时分，小石猴就走去了菩提老祖的房内，自此获得道法修行。其实，这同样是暗示的力量。

正确运用暗示的力量

暗示分为两大类：一类是积极的暗示，另一类则是消极的暗示。那些能够潜在激励人拼搏进取、奋发向上的暗示，属于积极的暗示；而会让人不自觉地消极、困顿、无助的暗示，则是消极的暗示。

作为企业管理者，当然需要在企业中运用积极的暗示，这样才能够有效激励员工不断进取。

不过，想要正确运用暗示的力量，并不是随意为之，需要管理者在沟通交流之中去运用。而且，不同的员工也会有不同的接受度，毕竟每个员工的理解力和领会力有所不同。

所以，管理者需要先了解清楚员工的个性特征、内心需求、心理状态等，这样才能更好地运用暗示的力量，也才能够对应激发不同员工的潜力，推动员工向期待的方向努力和变化。

有的员工激情四射，而且个性富有挑战性，勇气十足，管理者就完全可以在与员工沟通交流时，以暗示的形式提出有些难度高而且收获大的任务，即便不将这项任务非常直白地安排给员工，员工也可能期望挑战从而主动揽下任务。

有的员工善于研究，喜欢动脑，如果公司内部恰好有研发方向的任务，如产品性能有缺陷、工作流程有漏洞等，管理者就可以针对员工善于研发的特点，巧妙暗示这些东西如果完善之后该多好，相信该类型的员工很愿意接受这种任务。

恰当使用暗示的方法

暗示虽然拥有很强的激励作用，但是其前提是能够被员工领会，而且需要运用恰当的暗示方法。如果暗示时采用的方法不当，就很可能会产生反面作用。

比如，本来员工个性强，善于挑战，勇气十足，公司又恰好有一个富有挑战性的任务，但是该员工刚刚因为一次挑战失败，正处于自信心尚未恢复的阶段，若此时管理者暗示员工接受挑战，就可能会让员工感觉自己在被嘲讽，不但无法让员工重拾信心，还可能会让员工失望。

在企业中管理者暗示员工的目的，是激发对应员工的激情、潜力等，所以在暗示之前，管理者一定要了解清楚员工的状态，并深入揣摩暗示方法，能否达到预期效果，是否具有可操控性，尽量做到考虑周全再暗示，这样才能够确保暗示后事情会向预期方向发展。

管理者对员工进行暗示时，需要因地制宜、因人而异，不能一概而论。通俗来说就是要先对员工有足够的了解，同时还需要清楚员工的近况、心理状态等，然后针对员工的需求和特点，结合企业的工作需求和工作任务，采用对应的暗示方法。

暗示的方法可以是一句赞美，也可以是一个拥抱，或者是一个鼓励眼神。针对不同的员工，可以灵活运用不同的暗示方法。

说服员工需要明确立场

在企业发展过程中，管理者和员工之间出现意见分歧、理念不同的情况时常发生。作为管理者不应该去逃避这样的情况，毕竟企业的发展和壮大，一直需要员工的支持和努力。

发生意见分歧之后，管理者如果和员工针锋相对，甚至不停地去争论，最后的结果必然是失去人心，因为即使管理者能够以辩论的方式说服员工从而统一意见，但毕竟彼此处于不同的位置，看到的事件也并不属于同一层面，辩论而成的意见并不能让员工服气。久而久之，员工在内心不舒服的情况下工作，自然会影响工作的效率。

辩论之所以形成，就是因为不同的人站在了不同的立场，双方均不退缩，都想以自身立场去压倒对方。这样不仅不能解决问题，形不成真正统一的意见，双方无法站到同一战线，还可能会因为辩论而伤害到彼此，甚至造成彼此关系恶化。

别让自私自利毁掉公司

在企业之中管理者和员工之间产生分歧时，若管理者一直只是站在自己的立场，想方设法去说服员工，不去顾及员工的立场和感受，那就只会让员工感觉到难受和不服气。管理者如果一丝一毫都不让步，完全从企业立场、自身立场去考虑，仅关注属于自己的利益，不去考虑属于员工的利益，就会显得自私自利。

所以，管理者千万不要仅从自己的立场和角度去看待问题，尤其是和员工形成意见分歧时，更不应该只保全企业和自身的利益，因为这样不仅会失掉员工的心，还会慢慢毁掉整个公司！

先统一立场再说服

当管理者与员工出现意见分歧时，沟通交流是解决问题最简单方便的手段，但是需要注意的是，针对意见分歧沟通，不能一味从分歧去交流，而是应该从彼此见解相同的事件和问题出发，推己及人、将心比心，先从态度层面让员工知道，你和员工并不是站在对立的立场上，而是拥有很强的共识和相同的见解。在此基础上再进行沟通，才能够更好地实现心与心的交流。

当然，让员工感受到管理者和自己拥有共识，并非敌对立场，只是消除分歧的第一步。想要说服员工，管理者还需要做到和员工统一立场，即管理者需要站在员工的立场去考虑问题，多了解员工的需求和状态。这样才能够逐渐打开沟通交流的渠道，最终实现说服的目的。

站在员工的立场，就需要动之以情，晓之以理，管理者完全可以在了解员工的心理需求后，因势利导满足员工，之后再尝试去说服。如员工所阐述的意见，虽然和企业的发展方向有分歧，但是从员工的角度去看，当前的企业状态的确能够借助员工的意见得到发展，这时管理者完全可以认同员工，之后根据企业发展趋势和市场发展趋势解释企业未来的动向。

有时，管理者还可能会遇到一些极为固执己见的员工，甚至他们知道自己的意见和决定是错的，但就是不会接受批评、纠正，乃至最终失败也不会回头。面对这类员工，管理者就需要完全从员工的立场着手，以员工的立场分析意见，最终实现说服。

小刘刚刚从大学毕业，进入了一家广告公司做技术，可是没两个月小刘就提出了辞职的申请。公司老板找到小刘进行沟通，小刘倔强地说公司又不是离不开自己，所以根本不需要留他。

老板回想小刘进入公司时的状态，开始平心静气地沟通，而且是站在小刘的立场："咱们可以聊聊，毕竟即便你离开这里，不同样需要为未来的发展努力吗？能不能说说你的计划，你离职我们也可以做朋友，至少我也长你几岁，你的计划我也可以帮你参考一下，也许能减少你的弯路呢？"

小刘想了想依旧很固执，不过也说出了自己的顾虑："具体未来怎么发展我也没想好，但是我已经决定离职了，公司工资实在太低，仅仅够我的食宿费用，根本没有什么娱乐的空间。"

老板了解到小刘的问题后，开导说："我还记得你刚来公司的时候，希望能够好好学习技术，目前工资之所以低也是因为你的经验还不足。学习技术不论在学校还是培训机构，不都需要你再去掏学费吗？而且在学校和培训机构的学习，也没有实践机会，同样无法增加你的经验。公司虽然给出的工资低，不过你只要掌握好技术，借助公司的实践积累经验，工资很快就能涨起来，你掌握好技术后，也可以自己去创业。如今你离开容易，我也不会阻拦，可再找到能够学习技术的岗位，可就不太容易了，你说是不是这样？"

小刘的顾虑也正是这些，因为自己没有经验，技术也没有学到，如果再找对应的岗位，而且要工资高的，也不是很现实。只不过他自己并没有想明白，一时冲动就想辞职。

小刘经过深思熟虑之后，决定再学习一段时间技术，并借助公司的平台好好积累一些实践经验，相信以自己的学习能力，掌握技术并不太难。等掌握技术、拥有经验之后，再看后路如何。

其实，上述案例之中员工的决定，自然会让管理者的公司出现岗位缺失，即使员工尚没有足够的经验和技术，也必然能够为公司提供帮助，如果直接离开，公司肯定会有些损失。不过，管理者并没有从公司的立场、自己的立场去考虑问题，而是直接站在员工的立场去分析，不仅展现了自己对员工的理解和关心，还表现出对年轻员工未来的考虑。

员工听到管理者站在自己立场考虑问题，并且还帮自己分析了现状和具体的问题，自然而然就被说服了。

主动认错彰显领导格局

古语有言：人非圣贤孰能无过。其实背后的含义就是，任何人都有可能会犯错。在人的成长过程中，失误和犯错都有可能发生。不论是曾经的帝王将相，抑或是普通的平民百姓，也不论是古代的仁人志士，还是如今的芸芸众生，都或多或少曾犯过错误。

其实，犯错并不是很可怕的事，毕竟人无完人，工作也不可能永远做到完美。企业的管理者同样如此。没有任何一个管理者，能够在引领企业发展或构建团队的过程中保证不犯错、不失误。

转变思维：犯错在所难免

企业的管理者在引领企业发展的过程中，要秉承一种虚怀若谷的心态，时刻警醒自己：人非圣贤孰能无过。这样才能够及时转变思维，更清晰地认识到成长过程之中自己所犯下的各种错误、所经历的各种失误。

有些管理者在引领企业发展的道路上，会逐渐被团队和企业所赋予的权力所迷惑，甚至会感觉自己与众不同、高贵异常，变得眼高于顶。在出现失误或错误之时，他不是拒不承认，就是祸水东引，甚至会将自己的失误或错误，推到某些员工的身上以便为自己开脱。

其实这种开脱，一方面是因为管理者的内心将自己看得太重，认为企业的成长和发展，全都是自己的功劳；另一方面则是因为管理者并未真正承担起属于自己的责任，认为功劳都是自己的，错误和失误都是别人的。

这样的做法，必然会让管理者逐渐变得孤立，也会逐渐失去人心，从而让整个企业一盘散沙。长此以往，在员工们的眼中就会呈现一个连错误都不敢承认、没有任何责任心的企业管理者。看透管理者内在的员工，本来被管理者的魅力所吸引而聚集起来的团队，最终必然会毫无凝聚力，甚至员工们会在失望之中逐渐远离、抛弃企业，最后导致整个企业只剩下管理者这个“孤家寡人”。

一家以新媒体内容为主的企业，其管理者在新媒体行业刚刚发展之时，极为谨慎地建立了企业并开始缓慢发展。他的谨慎让企业得以在竞争激烈的斗争中存活了下来。

随着企业越发壮大，本来以“内容为王”时刻警醒自己的管理者，感觉自己的根基已经足够坚韧，于是开始从原本的循规蹈矩慢慢变得大胆起来，在几次看似极具突破性的决策项目，推动着企业的品牌捕获了庞大粉丝群体之后，管理者本来还谨小慎微的方向性决策，开始出现偏移。

他开始大刀阔斧地包揽各种跨越式项目。为了能够将庞大的粉丝群体转化为企业的利润，他决定在精心挑选的项目中，选择几个并不太重要的项目进行包装，不去考虑内容如何，仅依靠吸引粉丝群体的眼球，快速将粉丝群体转化为高额的利润……

这种决策受到了各个部门的排斥，不论是部门领导还是员工，纷纷向管理者谏言，希望管理者能够继续秉持“内容为王”的根本理念，只有这样才能够将品牌打造得更加坚实。管理者开始时尚且有所动摇，感觉偏离了建立企业的初衷，可能会对企业产生不太好的影响，可是几个精心挑选的项目恰好获得了不菲的成绩，虽然有少数观众诟病，但是瑕不掩瑜。

于是，企业的管理者力排众议，决定成立一个新部门，专门策划和制作包装极为精美的项目，但其实没有构建专业性的内容。企业的内容部多位领导表示这样的项目只会影响企业的品牌建立和发展，可管理者却不管不顾。

一段时间后，因为抛弃了“内容为王”理念，很多铁杆粉丝的反馈又被管理者选择性忽视，所以铁杆粉丝的数量开始锐减，但同时已经逐渐树立起来的品牌力量还在发挥余热，不断有新粉丝切入并为企业带来高额的利润。管理者自然不再听取各种谏言，也一直认为自己的决策没有任何问题，甚至把原本的内容部全部打散，融入了新部门之中。

这一决策让整个企业开始制作大量包装精致、内容浮夸而没有内涵的项目，短期内的确让企业获得了不菲的利润。可是随着内容粗制滥造的情况被粉丝群体看透，很快积累多年的海量粉丝开始抛弃企业……本来企业内部提出谏言的员工，一直在期望管理者能够及时认错，并改变那些使企业落入深渊的错误决策，可在管理者在错误的路上越走越远后，他们也开始放弃，放弃了打拼的企业，也慢慢开始离开管理者……

最后，企业在管理者错误的决策下，变得支离破碎。直到企业品牌已经千疮百孔之后，管理者才后悔不已，可是为时已晚。

其实，管理者出现决策失误乃至错误决策的情况，随时可能发生，之所以整个企业需要无数志同道合之人共同支撑，就是因为众人的智慧远远大于个体。虽然管理者把控着企业中最重要的方向性发展决策，但是在此过程中也需要借助员工们群策群力。

真正拥有领导本色的管理者，绝对不会认为自己有多么与众不同，更不会认为自己高人一等，而是会将自己看作一个普通人，谨小慎微地引领企业。同时在决策过程中，秉承“有则改之无则加勉”的观念，不怕犯错同时也不怕认错，甚至会不断反思企业之中任何人出现的错误，以此不断警醒自身。只有这样，企业才能够在管理者的带领下，步伐稳健地健康发展。

知错能改，善莫大焉

有些管理者，虽然在自己犯错或失误之后，同样能够发现自己的问题、过失和缺陷，但是担心自己作为领导的面子受损，于是总想各种掩饰、遮盖，以至于欲盖弥彰。即便在当时这些问题被掩盖了过去，可是一段时间之后，依旧会被人察觉到，最终依旧会让管理者感觉丢了面子。

其实，管理者也是普通人，出现犯错或失误在所难免，而且所谓的“面子”，都是虚妄的存在。当管理者的为人处世、道德情操等能够得到员工认可，员工们自然会赋予管理者信任和尊重。管理者内心的面子同样如此，是因为员工们对管理者存在信任，也认同管理者的初心，所以才会给予管理者面子。

有错不改、有缺损却不补足，这样的管理者，必然会失去员工的信任和尊重，员工自然也就不会给予管理者任何“面子”。

从员工的角度来说，真正能够给予“面子”的管理者，应该都具备“知错能改，善莫大焉”的态度。犯错之后敢于主动认错，认错之后敢于及时改错，改错之后勇于承担责任，这样的管理者，才会得到员工们的信任和尊重，从而不断吸引人才追随！

激励篇

让你的员工更忠诚

明确员工的企业职责

企业管理者在引领企业发展、带领团队实现企业目标的过程中，若想让员工与你共进退，就需要给予员工足够的激励。而真正能够推动员工共进退的激励，就源于清晰且员工能够承担的企业职责。

可能有些管理者会认为，员工的企业职责，不就是员工进入企业之后的岗位和工作吗？其实并非如此。员工进入企业之后的具体工作，只能算作具体任务内容，如一家产品生产企业，员工的工作可能是生产对应的产品、监督产品质量，或对外销售对应的产品等，看似具体工作已经明确，但是仔细分析会发现，这些只不过是需要员工完成的工作任务，要达成何种要求、要实现哪些目标，在工作岗位之中并没有明确说明。

作为管理者，在给予员工对应的岗位工作时，需要让员工明确对应的工作目标和工作准则，也就是让员工清楚他的工作会为企业带来怎样的影响。只有这样，员工才能够感受到岗位工作所蕴含的责任，工作过程中也才会更加有自信，更加全神贯注地工作。

就如有一句话叫“当一天和尚撞一天钟”。每一个进入寺庙的小和尚，最开始每天的工作可能就是早起去撞钟，如果没有对撞钟这份工作提出具体的要求和最期望达到的效果，很可能一年过去、数年过去，小和尚虽然依旧在撞钟，但是会感觉无聊透顶，也根本没有什么努力的动力和方向。

甚至，寺庙的方丈听着每天千篇一律、毫无生机的钟声，还会认为小和尚根本就不重视这份敲钟的工作。殊不知，小和尚只是不知道为什么要敲钟，也不知道要敲出何种钟声，更不知道敲出的钟声到底有什么重要的意义。

其实寺庙的方丈也就如同一个企业的管理者，若想真正让小和尚获得成长，就应该在第一天就告诉小和尚，敲钟不仅要的是洪亮、准时，更需要敲出寺庙的气势，让寻常人听到就感觉到寺庙的底蕴。

从企业角度来看，其实管理者在给员工安排工作时，就需要及时提出该项工作的标准、要求、目标和方向，这样才能够让员工拥有不断前行的力量，也才会让员工清晰地知道自己的未来发展方向，从而和企业一起向同一个方向努力和奋斗。

徐总从校园毕业之后，就开始在广告领域打拼，数年的时间也让他积累了一定的原始资本。可是在他的内心深处，一直有一个极为渴求的梦想，那就是打造出契合国人审美的国产漫画。

而且，徐总可谓从未接触过美术绘画领域的训练，但是他的梦想从未改变，于是在获得原始资本之后，就开启了摸索之路。他足足用了四年的时间，磨炼自己的画技，同时也开始深挖到底什么样的素材和风格，才属于“契合国人审美的国产漫画”。

这个答案他从悠久的历史中得到了答案：拥有数千年历史的中国，具有无数可以进行塑造的人物和素材，而其中最具风格之一的，自然就是中国的特色“武侠”。就这样，以武侠故事为根基，以历史背景为内核，以侠客精神为追求的漫画方向确定了。

在这之后，徐总创立了自己的漫画工作室，并将自己的梦想塑造为工作室的企业愿景，并以此明确了工作室中各工作人员最核心的企业职责：打造契合国人审美的国产漫画。而后续的每项工作，每个岗位，都开始围绕这一职责进行完善和努力。

不论是工作室的编剧，还是分镜、场景、人物画师，所有的工作都在围绕这一职责，这也让进入工作室的所有人，都知道自己工作的具体要求，只要有任何一处无法满足“符合国人审美”，就需要再次进行打磨、润色、改变、完善。

经过整个工作室团队的共同努力，他们的漫画作品终于开启了创作之路，仅仅其中的武侠故事、历史背景定位、场景风格确定、侠客精神内核、人物特色明确、漫画风格形式等，就耗费了工作室团队巨大的精力，好在这一切都获得了回报。工作室团队集体创作的第一回漫画推出后，很快就得到了国内漫画界的众多肯定，同时也得到了一批爱漫画、渴望国漫崛起的投资人的关注。徐总的工作室得到了注资，也有了更加广阔的发展空间和极为清晰的未来方向。

为了实现漫画作品能够“符合国人审美”，徐总的工作室每一位员工，都尽心尽力对自己的工作负责，而且渴望能够达到最高的要求。就是这样精益求精的理念，使得整个工作室都开始弥漫一种“侠客精神”，也推动着他们的漫画作品从来未曾偏离过初始的方向。即使在工作室创建后，曾经遭遇资金链断裂，整个工作室也从未有一人离开；即使在作品打磨阶段，市场试投所得意见极为不堪时，工作室的创作团队也从未气馁。

就在这样清晰的工作要求、企业职责的支撑下，徐总的工作室挺过了最艰难的时刻，并最终推出了口碑极佳的国产漫画，真正意义上开启了打造符合国人审美的漫画作品创作之路。

随着漫画作品的不断更新完善，徐总的工作室也开始拥有一个新的企业愿景，同时这也成了整个工作室团队所有人的企业职责，那就是在打造漫画的基础上，创作出契合国人审美的动漫。当然，这个目标和要求任重而道远，但徐总和他所带领的团队，从未被困难打倒，而是为拥有更加清晰的发展目标而雀跃和努力。

给予员工具体又稳定的工作职责

很多企业管理者在下达任务、目标、命令之时，不够具体、不够稳定，而员工之中并非所有人都能够非常精准地领悟工作职责和具体的工作意图，甚至很多员工并不能自发主动地完成工作。

这就决定了管理者在给予员工对应的工作职责时，要保证指令的具体和稳定，能够让员工十分精准且正确地理解意图。比如，当年索尼集团研发录音机时，公司的员工其实对录音机的结构、原理、录音带的制造都不了解，因为索尼公司是以收音机发家，其原理与录音机完全不同。为了让员工拥有精准的研发目标，索尼集团的管理者盛田昭夫提出了具体的研发路径：将基础科学和应用科学的理论知识进行糅合，再从基础研究过渡到应用研究，从具体的小部件入手一步步开始。就这样，员工有了具体又稳定的目标，才得以一步步研发成功。

管理者若能够给予员工具体又稳定的工作职责，就能够让员工清晰地看到最终的目标，而拥有了清晰目标和方向，管理者派发的任务意图自然就会非常明晰。这样员工在工作过程中，自然就能够制订出详细的工作计划，并最终一步步完成具体的目标。

员工的工作职责需根植于实际

企业管理者在给予员工具体又稳定的工作职责和目标时，要注意目标一定要根植于实际，其必须兼顾科学性、实用性和超前性，其中科学性是确保目标能够运用科学的方法予以实现；实用性则要求目标可以实际运用，即能够让市场、客户使用，且可以畅销不衰；超前性则表示目标要能够填补市场的部分空白，有所突破和建树。这样才能在目标达成之后，走在竞争者的前方。

也就是说，虽然企业管理者在为企业制定目标时需要远见卓识，但给予员工具体的目标和工作职责时，却需要确保其不是空中楼阁，更不能脱离实际，否则员工努力却无法实现目标，就会极大挫败员工的进取心和自信心。

管理者给予员工的工作职责，一方面要根植实际，另一方面也需要带给员工一定的挑战。这样才能够让员工不断进取，也才能够借助目标带来的挑战压力，激励员工努力工作，并不断突破自身。

让员工的精神和物质双丰收

虽然企业管理者能够以自身的能力，不断吸引员工的投奔，从而逐渐聚集起大量人才。但是仅仅依靠管理者的能力，以及人才的志同道合愿景，根本无法确保员工能够一直追随，更无法保证员工能够和企业、管理者同甘共苦。

毕竟任何人都有自己的生活和追求，企业管理者需要对应的激励措施来凝聚人心。最基本的激励，就是要给予员工物质激励和精神激励，两者缺一不可，即确保员工能够物质和精神双丰收，才能够将员工牢牢抓住，员工也才能够更忠诚。

物质激励非常明显，只要能够满足员工对应的物质欲望即可，这种物质欲望虽然属于最本能的需求，但是相比较而言也是最容易调动员工积极性、最容易让员工满足的手段。企业之中的物质激励，无外乎薪资待遇、奖金奖励、各种物质福利等，这是员工生活和生存的基本需求，也是员工能够留在企业中的基本要求。

精神激励则属于精神层面的激励，也被称为内在激励，表现形式多种多样，如给员工一定的权利、认可员工的付出、给予员工公平公正的晋升机会、为员工提供学习和培训机会、为员工规划职业生涯发展计划、制定弹性且人性化的工作制度等。

而且，不同的员工所需求的精神激励也会有所不同，如有些员工渴望获得一定的权力，有些员工渴望拥有更好的发展机会，有些员工希望提升自我、开拓潜力，有些员工则渴望实现事业和家庭的平衡等。针对不同员工的精神需求，管理者可以给予不同的精神奖励。

物质奖励能够让员工拥有更加坚实的后盾，从而可以让员工更加尽心尽力为企业发展而奋斗。而精神奖励则能够调动员工的工作积极性、主动性、创新意识等，对企业的发展、员工个体的成长都有深远的影响。

从员工个体角度而言，企业需要给予员工有效的物质奖励和精神奖励。实现精神和物质双丰收，才能够确保员工无后顾之忧，并与企业一起共繁荣。从企业管理者角度而言，管理者最好能够在引领企业发展的过程中，将给予员工的物质奖励和精神奖励有机结合，从而将员工牢牢绑在企业的战车上。

物质和精神相统一

物质激励对于员工而言，是最基本且原始的需求，其代表的是员工的维生因素，其中的薪酬、奖金、物质福利等是基础中的基础。除此之外，还包括整个企业的氛围、企业文化底蕴、管理模式和制度形式等，这些会在很大程度上影响员工的情绪和感受。

精神激励对于员工而言是其内心的心理需求，可以激发员工的潜能、情感需求和内在追求等。其最主要的目的是让员工获得心理满足，如对尊重的满足、对认可的满足、对声望的满足、对权力的满足、对成长的满足等。

精神激励要想发挥作用，就必须先满足员工的基本维生因素，也可以理解为，物质激励属于精神激励发挥作用的基础。员工在企业不断努力拼搏的动力，一方面源自物质激励，另一方面则源自精神激励，若只满足其中一项，则有可能失衡。

有些企业管理者在激励员工时，总会将物质激励和精神激励分开，如果仅关注物质激励，长久下去就会使员工心理物质化；如果仅关注精神激励，期望仅以精神的满足和心理的满足，就让员工为企业奋斗终身，长久下去员工无法满足维生因素，工作积极性自然就会大幅度降低，从而影响企业的生产力。

因此，企业管理者在激励员工时，要做到物质和精神相统一。在很大程度上物质和精神是辩证统一的，也是能够彼此转化的。实现一种用精神激励制约物质激励的体制，让员工实现物质和精神双丰收，给予一定的物质激励，同时也给予一定的精神激励用以制约物欲，最终才能形成相辅相成的激励模式。

激励有度，平衡为道

企业管理者在借助物质和精神相统一的激励时，想要达到对应的效果，就需要把握激励的度，最佳的手段就是以平衡为原则。其中主要包括激励不能过度给予，也不能不匹配功绩，即员工做出了多少贡献，就给予对应的激励；同时严格把控激励的标准，做到公平、公正、公开。

给予激励时，要重视时效性，如本来项目结束就应该给予的激励，就不要拖到年终时再给予。项目完成之后还会有新的项目，及时给予员工激励，才能够让员工在后续的项目中更加尽心尽力。如果不及时给予激励，员工就可能感觉自己的拼搏和努力并没有得到认可，后续的工作也自然无法尽职尽责。

另外给予员工的激励，要有教育性和影响力，而且应进行登记归档。这些激励对于员工而言，都是职业生涯中的收获。进行公开激励，树立对应的榜样力量，也是激励员工的一种最佳手段，它不仅能够让获得激励的员工感受到荣誉，还能够有效激发其他员工的进取心。

最为重要的一点，就是物质激励和精神激励需要同时进行，如给予奖金或津贴的同时，也需要给予对应的赞赏、名声、奖状或授奖仪式。这样才能够让得到奖励的员工，在以后的工作中更加尽职尽责，也能够让整个团队更加和谐且规范。

运用最恰当的激励方式

管理者对员工进行统一有度的物质激励和精神激励时，一方面需要制定企业内部员工均较为认可的激励标准，以便做到公平、公正、公开，另一方面还需要根据不同员工的不同特点，运用最恰当的激励方式。

有些时候，一些小小的举动同样可以有效激发员工，也许是一句肯定认可的话语，也许是一个小小的礼品，也许是一次非正式场合的拍肩肯定，也许是一次坦诚的畅所欲言。这些激励方式多种多样，其起到的激励作用也十分显著。

有些时候员工已经达到了企业内部的公开激励标准，但是员工自身不喜欢张扬，这时作为管理者，就完全可以弱化形式，以非公开的方式予以激励。同时也要让员工知道这份激励已经登记归档，在特定的时间必然会进行公开。

还有些员工，可能并不想以企业制定的激励标准获得激励，而是有自己特殊的需求，管理者这时就需要和员工坦诚交流，以沟通的手段，挖掘员工的内在需求，并以激励标准进行平等转化。但同时要告知员工在公开激励仪式时，需要呈现的是企业内部的标准。这样的激励方式才能既让得到激励的员工满意，也让其他员工渴求。

激励手段因人而异

企业在制定激励标准时，通常需要尽可能满足绝大多数员工，也就是激励标准需要获得绝大多数员工的认可。但是管理者需要注意的是，在企业内部有很多不同需求、不同个性的员工，激励手段要因人而异。

急于表现者，要适当施压

在企业中有些员工总是急于表现，也乐于表现，经常热情四射同时极为高调。这种性格的员工，时常会四处展露自己的才能，以便让管理者看到他们的贡献和能力。但也正是这种心理，很容易让他们为了表现才能而不择手段，甚至可能会对其他员工产生不好的影响。

对于急于表现的员工，管理者不能听之任之。虽然这些员工获得激励的标准同样是企业内部的标准，但是一味给予很可能会让这类员工危害他人的利益，甚至不利于内部的团结。

最佳的做法是，该给予的激励及时给予，但同时要适当对其施压，以避免他们“为所欲为”，影响他人。当然施压的过程不能公开，也不能直接反对，而是要表面肯定，在给予激励之后适当地警告他们注意收敛，让他们知道“不择手段”并非正道。

缺乏自信者，要培养信心

企业员工中有一部分人，本来能力不错，但是做事非常保守，有时会缩手缩脚。这其实是一种缺乏自信的表现。他们在工作过程中根本不敢放开手脚，因为他们对自己的能力不自信，也害怕因为自己的能力不足而导致任务失败。

如果管理者对这类员工不管不顾，他们自卑的负面情绪就很可能会四处弥漫甚至传染，从而影响到身边的员工乃至团队，甚至会影响整个企业的任务进度和工作士气。

对于此类员工，管理者需要培养他们的自信心，最简单的做法就是给予他们自身能力完全可以胜任的工作任务，同时在他们完成任务后给予鼓励和赞美，用工作成就来增强他们的信心。

在此基础上，管理者还需要及时指点他们在工作过程中的错误和失误，给予对应的指正，同时也解决他们的后顾之忧——以管理者身份帮助其承担责任，减少他们的心理负担。

安于现状者，适当激将

企业之中有一批员工，能力稳定、见识广博、经历丰富，但是也因为其见证了各种各样的事件，所以开始变得有些“无欲无求”，对外的表现就是不求上进、安于现状，甚至没有什么理想、拼劲和发展计划。

对于这类员工，管理者想要利用得当，最佳的激励手段就是“强行征用”，即为其安排一项拥有一定压力，但绝对能够完成的工作任务，或者强行让他们做一些紧迫的工作任务。

将其强行征用之后，还需要确保他们能够保质保量完成任务，这就需要管理者进行适当激励，有效激发他们的拼搏精神和进取心。当然最后任务完成后的奖励也需要及时兑现。

怀才不遇者，给予重视

有些员工虽然才能出众，但是没有足够的人际交往能力，因此很多时候他们的才能并不能最大化地发挥出来。他们在工作中会有一种怀才不遇的感觉，甚至会因此闷闷不乐。

作为管理者，需要给予此类员工足够的重视，而且要将这种重视呈现在表面，如邀请这些员工在重要会议上发言，鼓励他们说出自己的见解，展现自己的才能，让他们知道自己并没有被忽视，而是具有举足轻重的作用。

如果是拥有很强实践能力的员工，管理者可以在工作任务中挑选契合的内容，多给予他们机会，以便让他们充分发挥自己的才能。

内心敏感者，多多赞美

在企业内部有一类员工，职位不高，但是工作极为认真，一直兢兢业业为企业奋斗，不过因为职位较低缺乏竞争力，所以害怕失败或否定，内心相对比较敏感，自尊心也很强。

这类员工容易在受到批评或责备后，无法快速释怀，从而影响他们工作的效率，因为管理者的批评或责备，对于他们而言就宛如一场灾难。对于这类内心敏感的员工，管理者一定要及时关注，他们工作过程中出现的错误或失误，通常是因为大局观不足，但工作过程中的态度一般都非常认真。

基于此，管理者应该关注他们的工作热情和工作态度，以赞美、鼓励为主，让他们感受到尊重和认可，同时也给予他们足够的安全感。这样就能够起到很好的激励作用。再辅以对应的物质激励，给予他们支持。

给予物质奖励要有原则

在企业发展过程中，给予员工对应的物质奖励是为了确保员工在之后的工作中更好地发挥能力，保持上进和拼搏的劲头。

虽然通常企业的物质奖励标准都是特定的，但是具体的奖励模式，也要遵循一定的原则。

原则一：学会激发奖励的作用

首先，不论物质奖励多还是少，都应该及时告知获得奖励的员工。之所以这样做，其实就是为了满足员工的一种期盼心理。

可以回想一下，那些让人快乐的事件或物质，通常最让人心情愉悦的阶段，就是知晓这个事件或物质已经归属自己，并慢慢等待获取的过程。当真正拿到这个期盼已久的物质后，或者实现期盼已久的事件后，愉悦的心情很快就会过去。

其实给予员工的物质奖励同样如此。当员工知道自己会获得物质奖励的消息时，就会进入期待阶段，这个阶段也是员工最开心的阶段。所以，员工获得物质奖励的消息，应该尽早告知，让员工更早进入期待阶段。

其次，管理者给予员工物质奖励时，尤其是金钱奖励时，最佳的奖励就是奖金形式。也可以辅助增长薪资，但增长薪资带给员工的激励，远远不如奖金。

举例而言，如果员工每年的年薪为15万元，对应这一年员工的贡献，他能够获得的物质奖励有3万元。如果把这3万元分摊到每个月，每月薪资增加只有2500元，就远远不如将3万元直接作为奖金给予员工的刺激大。奖金形式的奖励，给员工的激励和幸福感会更加持久。

之所以会出现这样的感受，是因为在员工心中，薪资是自己在企业完成职责之后应得的回报。如果将奖励分摊到薪资，会让员工有一种“我本就该涨工资了”的感受，幸福感和激励感不会很大；但是如果以奖金形式发放，则会让员工感觉这是额外的奖励，是工作成绩，自己的努力获得了认可。

最后，管理者在制定物质奖励时，也需要学会一些心理小技巧。举例而言，若眼前有两杯冰激凌，一杯冰激凌由800毫升的杯子盛放，却没有灌满，只灌到了700毫升；另一杯由500毫升的杯子盛放，灌得满溢而出，达到了600毫升。将这两杯冰激凌给人们选择，绝大多数人都会选择后一杯，因为这一杯给予人视觉上感觉更多。

物质奖励同样如此，最好能够在一个有限范围中选择最好的奖励，而不是在一个庞大的范围内选择普通的奖励。这样的技巧，能够以同样的成本，给予员工截然不同的心情，总而言之就是要在小中选大进行奖励，而不要在大中选小。

原则二：适当帮助员工做出选择

管理者在给予员工物质奖励时，除了需要遵循激发奖励作用的原则之外，还应该遵循适当帮助员工做出最佳选择的原则。

首先，一些同等价值的物质奖励，通常情况下员工说出来的，都是渴望获得最实惠也最基本的金钱奖励。但是作为管理者，一定要挖掘员工内心的需求，为员工选择他们内心最想得到的那份奖励。

举例而言，1000 元的现金奖励和同等价值的旅游奖励，如果让员工自己去选择，多数人会选择 1000 元，但是如果给予员工同等价值的旅游奖励，却更能让员工欣喜和开心。因为人们通常都会有非常想去游玩的地方，但是因为生计、家庭等顾虑，不得不暂时搁置，如果管理者了解到员工内心的期望，变相去满足的话，对于员工而言则是一份大大的惊喜，同时会让员工内心更加舒畅，起到的激励作用也更大。

其次，有些管理者认为给予员工物质奖励时，最好能够让员工有所选择，比如奖励是旅游，就给予员工两个乃至多个景点，让员工进行选择。其实这种让员工选择的机会，对员工而言并不是最佳的。

因为很多时候，人在有所选择的时候，才更容易患得患失，毕竟拥有选择之后，会让人感觉选择了其中一个，就必须放弃其他的，这种放弃更让人心痛。所以，管理者进行物质奖励时，最好能够选择一个特定奖励。

再次，管理者给予员工物质奖励时，可以适当选择一些有意义，但并不太实用的奖励。当然，这样的奖励通常需要在实用的物质奖励已经给予过之后。可以是有一定纪念意义的东西，能够让员工看到就想到这份奖励。

最后，管理者在给予员工物质奖励时，虽然普遍需要公开，以便满足公平公正的准则，但是如果有些员工并不想公开，也需要给予尊重，可以采用暗奖的方式。暗奖的方式有一个最大的优势，就是既不会刺激到其他员工，又能够激发到奖励的员工。这种暗奖的方式在很大程度上可以维系团队的平衡，不会让团队内部出现不和谐的声音。

激发员工的竞争意识

企业发展的道路上，随着时间的推移，企业内部的工作激情也会逐渐消退，工作热情逐渐减弱。甚至可能会因为各种各样的危机，导致企业陷入发展瓶颈等。

这时，作为企业管理者就需要拥有一定的激励手段，来激发员工们的竞争意识，以便让企业内部的氛围重新活跃起来，推动企业再次快速发展或提高企业的凝聚力，以便渡过危机、越过瓶颈。

通常在企业内部建立一些独特的竞争机制，便能够起到一举多得的效果。一是可以借助竞争机制，激发员工的竞争意识和拼搏精神；二是可以通过竞争机制，改变企业内部死气沉沉的氛围，为企业内部注入一定的活力；三是能够借助竞争机制，使企业员工逐渐拥有危机意识，从而加强企业在激烈市场竞争中的生存力。

一家以生产产品为主的企业，在市场经济环境不佳时，受到了严重的影响，使得临近年底的一个季度，根本没有接到足够的生产订单，这也让企业管理者非常为难：生产任务不足，就会有一大批工人没有工作，他又不想因为生产任务的问题减薪、减员。毕竟这批员工都是和他从建企业开始就一同打拼的人。

生产任务不足，是受到市场经济影响，无法改变；减员减薪又不是管理者所愿，但不这样做又该如何让企业渡过此次难关？想了很久，管理者发现完全可以“曲线救国”——既然无法增加生产任务，又不想减员降薪，那就以当前生产任务为基准，在不影响员工生活的基础上，降低生产成本！

可企业的生产线已经非常成熟，猛然间让员工研究降低生产成本的方案，容易让员工感到压力，于是，管理者提出了“生产竞赛”。这次“生产竞赛”并不追求生产速度，而是在确保质量的基础上节能降耗。针对这次竞赛，管理者还提出了对应的奖励机制。

竞赛提出之后，员工们热火朝天，开始以小组为单位，不断寻找节能降耗的手段和方法，很快生产成本就大幅度降低了。生产投入减少，企业生产任务不足的困境也就得到了缓解。

挺过这段时期之后，奖励也进行了发放，管理者发现完全可以将“生产竞赛”纳入企业行政管理之中，针对不同市场环境和需求，时不时开展一次竞赛活动。当生产任务大幅增加时，开启以保质量为核心、提高生产速度的“生产竞赛”；当生产任务均衡时，开启以完成生产任务为基础、提高产品质量的“生产竞赛”；当遭遇同行竞争时，开启挖掘市场潜力、满足客户需求的“生产竞赛”……

管理者还针对这些竞赛完善了对应的竞赛奖金制度，奖励每一个月乃至每半个月就发放一次。一时间，企业外部面临的问题和危机，被员工激情四射的竞争意识掩盖并淡化了，同时员工之间也开始了良性竞争，生产一线的员工和研发一线的员工，收入也开始增加。另外因为员工之间的竞争意识不断提高，产品的质量、产值、市场契合度都在稳步提升，企业在市场中的竞争力也开始缓慢提高！

在企业内部适当开展竞赛，能够有效激发员工们的竞争意识。这种方式不仅可以提高员工的工作热情和激情，确保员工能够更加活跃，还能够改变和优化企业内部的工作氛围。当然，这种竞赛激发竞争意识的手段，也需要遵循一定的原则。

被绝大多数员工认同

管理者要想借助竞赛模式激发员工的竞争意识，首先就需要制定一份合理的竞赛规则，这份规则必须能够被绝大多数员工认同。设定竞赛的目的和企业发展方向必然一致，即有效推动企业的健康发展和成长。同时竞赛还需要能够实现绝大多数员工的个人目标，这样才能够让员工在内心深处获得认可。

竞赛规则只有让员工在内心深处认可，才能够达到借助竞赛激发员工竞争意识的目的。通常情况下，竞赛的规则可以交给员工进行探讨对应的竞赛内容和方向，也可以由管理者及领导层共同策划。这样的竞赛成形之后，自然就可以实现多重目标。

标准要合理且具有可比性

管理者设定具体的竞赛后，还需要为竞赛制定一个合理且具有可比性的标准。合理的竞赛标准，就是能够让参与其中的员工，在经过一定的努力之后能够达到的标准。通常需要使有能力的员工、符合条件的员工可以获得奖励；暂时能力不够的员工，可以通过努力和提升，达到对应的标准和条件从而获得奖励。

这样的竞赛标准才是合理的，员工也会为这样的竞赛标准而奋斗，从而自主激发竞争意识，争取让自己达到条件，以便获得对应的机会和奖励。当明确了合理的竞赛标准后，管理者还可以根据员工的特征、优势、个性，针对性设定对应的竞赛，以便不断激发不同员工的潜力，促使整个团队的员工都能够激发出竞争意识，不断提升工作的积极性。

同时，制定的合理竞赛标准，还需要具有一定的可比性，最好能够根据员工能力水平范围划分不同的竞赛层级。处在同一层级的员工，能力和条件相对比较均衡，这样更加努力提升自身的员工，才更容易脱颖而出。

如通常要把拥有丰富经验的老员工和刚刚步入工作领域的新员工分为不同的组进行竞赛，这样的竞赛才是公平公正的，从而能更有效地激发不同员工的竞争意识。

根据形势适当调整

管理者在企业内部制定竞赛标准后，还需要定期根据形势的发展，改变和调整竞赛的形式及标准。一方面需要根据企业内部员工的提升和发展，适当提高竞赛的标准和条件，以便能够不断激励员工努力和奋发。另一方面则需要根据企业外部条件和市场客观形势，改变和调整竞赛的模式，选择更加适宜社会发展和企业发展的竞赛，来激发员工的竞争意识，从而推动企业不断进取和发展。

企业内部的竞赛机制，在激发员工竞争意识的同时，其实也是为了能够不断调动员工的工作积极性。最佳的竞赛效果是在激发员工竞争意识的同时，增强员工的工作热情，调动员工的工作智慧，激励员工不断提高自身。当员工都获得提升之后，工作效率、企业发展自然会水涨船高。

让工作充满趣味性

随着时代的发展，如今的企业都处于互联网技术背景之下，企业内部的员工每天都会接触到海量的信息。在海量信息的刺激下，很多员工面对流程化的工作会感觉到无聊。长此以往整个企业的氛围就会显得极为沉闷，好像没有丝毫生命力。

在这样的时代背景下，企业管理者想要有效激励员工，让员工对工作充满热情和激情，就需要学会构建和营造愉悦的工作氛围，也就是需要通过自己的带动，让员工的工作充满趣味性。

设置对应的欢乐机制

很多时候，因为企业内部的工作不断重复，员工会感觉单调又枯燥。这种重复工作自然容易让员工乏味，甚至会出现厌恶情绪，从而工作之时根本提不起兴趣。

针对这种情况，管理者就需要为员工具体的工作设置对应的欢乐机制，使重复单调的工作充满趣味性，以便让员工在工作过程中能够时刻保持心情的舒畅，以及保持对工作的兴趣。

比如可以为员工改变工作环境、布局，工作氛围可以影响员工的工作心情，为其带来新奇感和趣味性；又如增加一些对应工作的趣味辅助，以餐厅服务员为例，本来拿菜单交予顾客点餐、上餐这类工作就十分单调，有些餐厅就会让服务员穿上轮滑鞋，在享受轮滑乐趣的同时工作，还可以吸引顾客的眼球；再如将员工的工作划分为多个小目标，每一个小目标增加一个趣味性的小奖励，提高工作的趣味性等。

不同的工作内容和工作任务，需要设置不同的欢乐机制，这就需要管理者能够及时关注员工的心情，时不时给予员工一些惊喜和刺激，从而确保员工在工作中感受到趣味。

构建及时反馈机制

游戏之所以能够吸引人，除了其出彩的情节、画面、玩法，还有其实时反馈机制。游戏之中的角色能够随时和他人进行互动，也能够在给予人物或角色命令之后，获得实时的反馈信息。这种信息的互动，就能够牢牢吸引人的兴趣。

工作的过程其实同样如此。想要让员工的工作充满趣味性，管理者就需要构建一个及时的反馈机制，简单来说就是要能够不断让员工获得心理满足，及时获得信息反馈予以评判。

如果一个人在工作过程中，从头到尾都没有人关心，甚至从来都没有人督促进度，任务完成之后更是毫无反馈，长此以往谁还会对工作提起兴趣？及时给予信息反馈，是一种尊重，也是一种关注，更容易让员工获得工作的满足感。

构建及时反馈机制，管理者就需要对团队成员的工作，及时予以评判和反馈。这不仅是对员工工作的肯定，还是对员工的支持，甚至是员工未来工作的方向指引。

赏与罚，需要公平公正

在企业发展过程中，有的员工不能遵循企业的规章制度，甚至有些员工还可能会影响企业的良好风气，所以这时就需要拥有对应的惩罚措施和手段。有赏有罚，才是维持企业平衡发展的最佳激励手段。

不过，管理者要对员工进行赏或罚时，需要秉持公平公正的原则。其主要涉及以下两个层面的内容。

赏罚理由清晰，事实明了

作为管理者，在制定企业赏罚制度之时，需要清楚一个理念，即不论是奖赏还是惩罚，都不能轻易执行。而且真正执行时必须严谨，最核心的就是要赏罚据实。

通俗来说，就是管理者奖赏员工或惩罚员工时，必须理由清晰，而且以事实说话。

在企业发展过程中，有功不赏，就无法给予员工激励，也就无法带动员工不断产生努力工作的动力。不论员工事业心多强，如果管理者一直对员工的付出和成绩无动于衷、视而不见，长此以往员工也会心生隔阂，因为管理者毫无反应就是对员工辛苦付出的蔑视。

对员工进行奖赏，同样需要摆出事实，要让其他员工知道对方为什么能够获得奖赏。以员工的成绩、数据为依托，这样才能够让整个团队服气，也能够有效激发其他员工的工作激情。

同时，在企业发展过程中如果有错误不罚，也会让员工们感觉到不公平。甚至因为一次不罚，就会让其他员工心生怨恨，工作责任心滑坡。

当然，对员工进行惩罚也需要摆出事实，必须拿出受罚员工的实质错误和问题，以及这些错误和问题对其他员工、企业所产生的不良影响。通过事实来说话，让受罚员工洞悉自身问题，这样才能够做到心甘情愿受罚。

管理者在惩罚员工之时，还需要注意一个核心的目标，即惩罚的最终目的是及时指出员工的错误，并指导他们能够快速处理问题，做好修正工作，最终推动整个企业顺利实现目标。

同时，惩罚员工的力度需要根据员工出现的错误和问题的严重程度，以及最终的后果来进行评判。如有些员工犯错之后，被指出还不悔改，最终导致部门或企业出现巨大损失，就需要以该事实为基础，进行严厉惩罚；如果有些员工在犯错或出现问题之后及时止损，甚至主动进行修正，尽可能减少企业的损失，这时管理者就应该从轻处罚或不处罚。

赏罚需分明且有度

有功必赏、有错必罚，作为管理者需要将这样赏罚分明的手段，最终纳入企业的管理制度。而且，赏罚的分明并不是只针对员工，还需要针对企业之中的各级管理者，乃至包括企业的创始人。

“天子犯法与庶民同罪”，说的就是有权势的人犯法，也要受到相应的惩罚，法律面前人人平等。赏罚分明，不论是地位高低还是权力大小，都需要遵循同样的赏罚制度，只有这样才能够管理好一个国家。

企业的管理同样如此。赏罚制度要分明，从上到下完全贯彻，只有这样才能够让员工感受到企业制度的严肃性，也只有这样才能够逐渐树立起企业的形象和良好风气，从而让企业内部形成公平公正的氛围，最终外显于世，让企业拥有更好的形象和更好的声誉。

企业之中的赏罚，不论是临时提出还是制度规定，只要管理者曾经说过，就应该说到做到。尤其是一些临时提出的奖赏内容，很多时候刚刚提出时员工并不会很快相信，内心也会有所疑虑，要想让员工信服，并借助奖赏内容激发出员工的积极性，就需要严格执行。惩罚内容同样如此。

只有让员工认识到赏罚内容的严肃性，才会快速激发出员工的热情，同时也能够以惩罚内容不断提醒员工。

企业所制定的赏罚，需要讲究分寸，即奖赏不能过度，惩罚也同样不能过度。企业需要秉承的赏罚原则，必须是准则性和原则性的奖赏与惩罚，绝对不能妥协。以惩罚为例，若企业内部有员工犯错，而且是因为员工自身的品德问题引发的错误，对企业造成了严重的影响，如发生了业务机密泄露，这时作为管理者就必须做出最严厉的惩罚。不论这位员工对企业多么重要、付出过多少，都需要进行相应的惩罚。

企业之中的奖赏制度同样如此。尤其是当企业的某个团队做出了巨大成绩，在进行奖赏时千万不要过度强调团队领导的付出，而是要一视同仁，以奖赏制度为基准，对整个团队的每一位员工进行恰当的奖赏。只有这样才能够让团队更具凝聚力，也才能够不断提高员工对企业的忠诚度和认可度。

情感篇

和员工成为朋友

朋友就要彼此尊重

企业中，管理者是领头羊，员工是企业发展和壮大的希望和底蕴，更是企业最为珍贵的资源。作为企业管理者，要想带领企业快速发展壮大，让员工能够拧成一股绳，共同为企业奋斗，就不能将员工视为普通的下属，而是应该和员工成为朋友。而朋友之间需要足够的尊重。

交往的准则：彼此尊重

人与人之间的交往，最基本的一项准则就是要彼此尊重，这种尊重建立在彼此心态平等的基础之上。在企业之中，管理者和员工的关系同样如此，员工是否会为企业尽职尽责、全心全意工作，与企业一起同甘共苦，其实都源自他们能不能在企业管理者那里得到尊重。

很多管理者在带领企业发展的过程中，总会不解为什么自己身边无法聚集更多的人才，为什么自己企业的员工总会抱怨连天，甚至员工从无常性，进企业就如逛庙会，时不时就会辞职扔下一个烂摊子。

每当遇到这样的问题时，绝大多数管理者的想法是，这是因为员工的要求太多，企业和自己无法全部满足员工的这些“不合理”的要求，所以才留不住人才。

其实，管理者想错了。他们只是站在自己的立场看待员工的表现，完全没有想过自己到底是如何对待员工的。如果企业之中经常出现上述的这些问题，最大的缘由就是这个管理者根本就不够尊重员工。连基本的尊重都无法做到，又如何能够让员工对企业、对管理者有归属感和责任感呢？

作为管理者，在引领企业发展时一定要明白，对员工的尊重是管理现代企业的基本要求。而且这种尊重是一种情感投资，彼此足够尊重之后，人才方能更好地留在企业工作，彼此才能更好地合作，最终才能够成为朋友！

通常情况下，员工对管理者是足够尊重的，这一方面是因为员工选择进入企业、追随管理者，就已经在一定程度上认可了企业的发展方向、目标，以及管理者这个人；另一方面则是因为管理者自身位置所带来的权力，让员工对其足够尊重。

而管理者对于员工的尊重，则需要从内到外、从行为到态度都呈现出对应的尊重，只有这样才能换回员工的真心回报和真情实意。

其一，管理者要尊重员工。管理者要秉承彼此平等的理念，对任何员工都一视同仁。任何人在企业之中工作，只是在扮演不同的角色、承载不同的任务而已，但在人格层面却完全平等，没有高低贵贱之分。

其二，管理者要尊重员工的权益。一方面需要肯定员工为企业做出的贡献和成绩，给予员工足够的肯定，另一方面则需要给予员工对应的权益，尽可能满足员工的权益需求。

其三，管理者要尊重员工的工作。管理者要勇于授权给员工，并对员工的工作能力和态度予以信任。只有这样才能够激发出员工的事业心和责任心，从而让员工借助工作取得属于自己的收获。

其四，管理者要尊重员工的生活。任何人都不是工作机器，每个人也都有独属于自己的生活，作为管理者要给予员工足够的私人空间，尤其是在员工生活中的私人时间，应该完全交给员工自行处理，不要用工作去打扰他们。同时，管理者还应该发自内心地关心员工和他们的家人，这才是尊重员工、彼此能够成为朋友的根基。

投入情感，成为朋友

虽然从表面来看，管理者和员工之间只是雇用和被雇用的关系，管理者经营团队和员工，团队和员工付出工作和劳动，换取企业的发展壮大，同时管理者给予团队和员工对应的回报。但是这种纯粹的利益关系并不稳定，如有些员工会被更高的利益吸引，从而脱离团队；有些员工会被其他企业挖走，甚至成为竞争企业的顶梁柱……

也就是说，在企业之中，如果管理者和员工之间只是纯粹的利益关系，彼此之间就将没有情感可言。想要打破这种纯粹的利益关系，就需要管理者在尊重员工的基础之上，用内在的情感来感染员工，以情感向员工投资，投入真实又纯粹的情感，收获来自员工对管理者的情感反哺，彼此成为和谐且具有生命力的朋友关系，这样才能够将所有员工和企业、将自身与员工的心，牢牢凝聚在一起，成为一个荣辱与共的坚定团队。

要将员工视为朋友，企业管理者就需要放下管理者的身份。这是首要条件，更是必要条件。只有你放低姿态，用平等的身份去对待员工，才能够让员工敞开心扉，彼此之间才能更加了解，也才能够奠定成为朋友的基础。

想要和员工成为真正的朋友，管理者就需要真正去关心员工。除了关心员工的工作、理想、事业、未来之外，还需要真诚为员工着想，关心员工的生活，倾听员工的内心需求和期望，帮助员工渡过各种难关。以真心去换真心，方是朋友相处之道。

威信不是为了压制员工

在有些企业之中，员工会为了团队的目标而不断奋斗和冲击；还会在企业遇到危机、困境之时，毫无保留地贡献着自己的聪明才智，全力激发自己的能力，以便帮助企业渡过难关。

而在有些企业中，员工却显得松松散散，毫无团队精神，工作时也只是得过且过，并没有从内心深处真正与企业共进退。

到底是什么原因造成了这样的反差呢？也许有人会认为是因为企业的目标或企业的制度，其实根源在管理者身上。员工能够团结的企业中，必然有极具威信且能够被员工认可和敬佩的管理者；员工松散、毫无团队感的企业中，必然有威信不足甚至受到员工排斥的管理者！

通常情况下，企业之中能够形成稳定的团队凝聚力，依靠的就是管理者的威信，威信如同磁石一般，能够牢牢吸引住所有拥有共同目标的员工，而且能够真正征服员工们的内心。

真正优秀的企业管理者，驾驭团队、经营企业、管理员工，依靠的不仅是位置所带来的权力，而是其自身具备极大影响力和吸引力的威信。正是这种威信赢得了员工的信任，激发了员工的拼搏精神，为企业的发展和员工的团结带来了无限动力。

但是管理者需要注意的一点是，你的威信并不是为了压制员工，而是为了吸引员工、征服员工。很多管理者自认为借助权力以威压让员工屈服，自然而然就会获得威信，其实不然，真正的威信是自内而外产生的威望，更是从行为举止中透露出的超强信誉。其实，管理者既能和员工成为朋友，又能拥有使员工信服的威信。要想拥有真正的威信，就需要着力培养自身的修养。

保持绝对的正直品德

正直的品德，是管理者能够被员工信任和认同的核心。在企业发展过程中，难免会遭遇各种各样的危机和困难，一个保持绝对正直品德的管理者，会在企业遭受危机和困难之时，不去推卸任何责任。也不会违心行事，而是会公平公正地对待任何一位员工，以自身为核心形成凝聚力，将员工聚集在自身周围，共同对抗困难、解决危机。

正直的管理者，在面对任何员工乃至任何人时，都会以人心、个性为基准，去看待所有人，而不是以能力和地位去评判任何人。这样的管理者，在带领企业的过程中，会自然而然地公正对待工作、事务和他人，而且行事光明正大。

例如，在企业发展过程中，因为市场环境的变化，业务遭受了巨大打击，绝大多数管理者在这样的情况下，首先想到的就是通过裁员、降薪来维系企业的生存，待渡过危机之后再谋求企业的发展。

但是，如果企业的员工并未犯错，每个人也都在兢兢业业地工作，那么管理者突如其来的裁员和降薪，就是一种不正直的表现。即使这个企业通过裁员和降薪度过了危机，留下来的员工也必然会心生警惕，不可能再毫无保留地对待工作和管理者。

遭遇这样的危机时，真正正直的管理者会和员工共同努力，寻找渡过危机的方法，而且即使自身利益受损，也不会拿员工的利益开刀。这样做也许会让企业度过危机的战线拉长，但是却能够让员工死心塌地与企业共存亡。

绝不背后非议评判

不管是大型企业还是仅仅数人的小型企业，只要是由多人组成的企业团队，任何人在工作过程中其实都希望能够彼此配合、愉悦地工作，如果能够取长补短、共同努力就更加完美了。

可是，有些企业中总会出现一些不和谐的因素。他们会破坏整个团队的和谐，影响团队良好的合作氛围，那就是喜欢在背后非议他人、评判他人的人。

背后非议他人，如果被非议的人听到或察觉到，不仅会影响心情，更会对非议者心生警惕，自然不可能再亲密无间地合作。背后评论他人，不仅容易让听到的人产生疑惑，还可能让整个团队都陷入怀疑的氛围中无法自拔。

如果企业的管理者时不时在背后非议他人或评判他人，尤其是非议或评判一些不在现场的员工，这样并不会让员工感觉到管理者的威信，而是会让员工感到非常失望，根本无法从内心认可和理解这样的管理者，自然也就不可能形成坚固又长久的团队精神。

也许有些管理者会认为，这种手段只是为了提醒员工不要再犯同样的错误，取得以儆效尤的效果，那管理者就完全想错了。依靠背后非议评判他人的形式，去树立自己的威信，无异于杀鸡取卵，根本没有丝毫未来可言。

因为员工们听到这样的非议评判，即便涉及的人员并不在现场，但是员工们依旧会以自身去代入：也许，当自己犯错之后，在自己不在场时，管理者也会以这样的方式，提醒其他员工。这种类似“告状”的手段，根本展示不出管理者的威信，而是会让员工心生寒意。毕竟这种做法，是管理者对员工根本不信任的表现。

作为管理者，想要树立自己的威信，就必须遵循这个基本原则，这也是身为管理者的一项基本修养：某人不在场时绝不背后进行非议和评判。即便这种背后的评论并没有恶意，也需要避免。

如果真正想给某位员工提出意见或批评，最佳的做法就是当面和这位员工单独提出，至少也需要在这位员工在现场的时候提出。凡事都摆在明处，才更容易和员工进行沟通交流。当然，管理者在批评和提意见之前，最好能够和员工进行单独沟通，毕竟最终的目的是让员工得到进步和提升，并使其及时改正错误。

有效控制自己的情绪

想要在企业树立真正的威信，作为管理者还需要能够有效控制自己的情绪。尤其是控制自己的坏脾气，决不能动不动就出言不逊、大声呵斥员工。

当管理者以坏脾气对待员工时，即使员工有错，其也会因为管理者的这种态度和做法产生逆反心理；如果管理者还时不时干涉员工的私事，那就更会让员工抵制乃至敌视。

管理者想要改掉自己的坏脾气，有效控制自己的情绪，就需要给自己立几条规矩。首先，需要将自己的坏脾气排除在工作之外，尤其是并非工作引发的坏脾气，一定要和工作分开。在进入公司的那一刻，就必须确保良好的心态。

其次，在工作过程中，因为工作事务出现坏脾气时，一定要及时进行控制，确保冷静下来之后，再去处理工作。在情绪还未冷静之时，最佳的做法就是先将工作暂停，等情绪冷静之后再工作。

再次，在工作中遭遇引发坏脾气的事务，一定要就事论事，切记不可波及无辜。很多时候员工犯错，管理者其实同样负有一定的责任，尤其是监督职责。因此管理者在处理这类事务时，即使发脾气，也要针对事务，而不能针对员工个体。毕竟出现问题之后，最终的目标都是解决问题，一味追究员工个体的责任和问题，只会得不偿失。

最后，管理者要拥有容人之量，尤其是出现不良情绪时，一定要虚心倾听意见，不可一意孤行。俗话说：忠言逆耳利于行。一个善于倾听的管理者，能够更快发现自己的缺陷和问题，也更容易得到员工的认可和敬重。

帮助员工就是帮助自己

《醒世歌》中有言：锦上添花天下有，雪中送炭世间无。任何人在人生路上，都可能会遭遇落魄和困境，也都可能有需要他人帮助的时候。如果此时有人能够及时伸出援助之手，即便没有帮助他渡过困境，但只要能够让其拥有喘息的机会，就会得到他的深切感激，而这种做法，就是真正的雪中送炭。

曾经人们认为，当一个人获得的东西越多、越好，他应该就会越高兴，可是现实之中的事实却并非如此。为此一些心理学家还曾做过一个非常直白的实验。

心理学家先在各地寻找，终于找到了一个极为窘迫、生活困顿的乞丐。乞丐只有一身勉强能遮盖身体的衣服，连一双能够取暖的像样鞋子都没有。天气开始逐渐转凉，深秋即将来临，冬天也不远了，如果没有一双鞋子，乞丐根本无法完好地过冬。

于是，心理学家拿出一双很旧的鞋子。鞋底已经磨损得毫无纹理，鞋面也已经显得非常斑驳。心理学家将这双旧鞋子送给了乞丐，并让乞丐为这双鞋子打分。乞丐拿到鞋子后非常开心，因为他终于可以有一双鞋子给自己的脚保暖，只要有这双鞋子在，这个冬天他就能够挺过去，所以乞丐直接给这双旧鞋子打了一个满分。

当乞丐穿上这双旧鞋子之后，没过几天心理学家就又安排人给乞丐送来了不少鞋子，其中不乏崭新的鞋子，同时心理学家也不忘让乞丐给这些鞋子打分。随着乞丐得到的鞋子越来越多，心理学家发现乞丐打的分数好像越来越低，哪怕后续送来的鞋子很多都比前面的鞋子要精美。

帮人帮到点子上

心理学家送给乞丐的鞋子，最开始只是一双非常陈旧的鞋子，但是乞丐给它打的分数却是满分。后来乞丐所得到的鞋子，虽然越来越好，但是他打出的分数却越来越低。

之所以出现这样的现实情况，根本原因是人对于物品价值的认识。通常情况下，物品的价值高低，并非源于物品本身，多数是源于人对于物品的需求度。当人们对于某些物品的需求度极高时，这些物品在人们眼中的价值就会很高；反之，如果人们对于某些物品的需求度变低，那么再好的物品在人们眼中的价值也会滑坡。

例如，当一个人数日未曾进食，如果此时有人给了他一碗热腾腾的面条，即便这碗面条再普通，甚至是剩下来、热过之后变软烂，通常不会有人愿意吃的面条，在这个人的眼中也是最好的美食，因为这碗面条能够解他的燃眉之急。

同一碗面条，如果给另一个时不时吃一顿大餐，从来未曾挨饿的人，甚至可能会被这个人直接倒掉。因为在不缺少食物的人眼中，这碗剩面的确没有什么可珍惜的价值。

从这个角度来看，要想帮人，就需要帮到点子上，要给予他人最需要的帮助。这样才算作雪中送炭，也才最能够展现出帮助的价值。

患难见真情，这是人生路上最容易被铭记的时刻。从这个角度来说，企业管理者获得无数人追随之时，就应该将这些追随者放在心中重要的位置，将他们视为朋友、知己，因为当企业遭遇危机和困境之时，这些人可以与企业同甘共苦，并且会发挥自己的聪明才智，以期推动企业走出困境。

将心比心，这些员工也有可能某一日陷入困境、遭遇危机，作为企业的管理者，也应该能够及时察觉到并伸出援助之手。只有这样，才能够收获人心，和其成为真正的朋友。

而且，管理者帮助员工，其实也是在帮助自己、帮助自己的企业。毕竟企业的发展和运营，离不开员工的辅助，解决员工的后顾之忧，才能够确保员工全心全意为企业付出！

给予员工雪中送炭般的帮助

作为企业管理者，想要正确给予员工雪中送炭般的帮助，就需要在日常工作和生活之中，真心关注员工，留意员工的生活情况和工作情况。当发现员工处于危难之时，就尽可能及时给予最恰当的帮助，辅助员工走出困境、解决危难。具体而言，可以从以下几个角度着手。

首先，管理者需要对员工的情况了如指掌，这样才能够及时了解情况并给予正确帮助。管理者需要时常与员工交流沟通，以便随时了解员工的具体情况。同时需要在询问和了解员工生活或工作之中的危难后，积极主动地寻找解决方案。

其次，寻找解决问题的方案时，一定要真心实意，诚信对待员工。最基本的做法，就是解决员工的困难和问题，只是为了帮助员工渡过难关而已，不需要其他的目的。作为企业管理者，千万不能以各种理由寻求员工的回报，因为这种带有目的性的帮助，显得非常虚情假意，以这种心态对待员工，即使员工因为你的帮助渡过了危难，最后员工也不会真正感激，而只会心生嫌隙。

再次，企业管理者给予员工帮助时，一定要量力而行，毕竟任何人都不是无所不能。所以在帮助员工时，一定要在自己和企业能够承受的范围内给予帮助，切忌向员工开出空头支票，即根本无法实现的帮助千万不要提出，那样只会好心办坏事。

如果员工困难极大，作为管理者完全可以发挥领头羊的作用，带头引导企业中的其他员工参与进来，一起为需要帮助的员工提供助力。

最后，管理者在给予员工雪中送炭般的帮助时，还需要注意不能搞平均主义，而是应该分清轻重缓急，先给予困难最大的员工帮助，一步步帮助员工解决困境。

而且，绝大多数员工需要的帮助，不仅仅是物质层面的帮助，还包括精神层面的帮助，因此管理者在给予员工帮助时，除了对应的物质支持外，还需要给予精神上的支持，以便分担员工的压力和精神负担。

在员工危难之际，给予他们雪中送炭般的帮助，是管理者的善意之举，通常会受到员工的感激，自然也就能够赢得员工的忠心，在员工渡过危难之后，自然就会拥有更加积极的工作心态。同时，管理者这样的做法，也能够让企业中的员工感受到企业的温暖，从而更容易团结一心。

时刻保持一颗感恩之心

在日常生活中，当有熟悉的人或陌生的人，在看到我们遭遇困难或问题时，伸出援助之手后，我们会发自内心地向对方表达感激之情。

人本来就是群居生物，个体的力量和能力是有限的，但是组成群体、形成团队之后，则会爆发出无限的力量。企业的发展同样如此，任何企业的壮大，都不是一个人的功劳，必然是经历了无数员工不断努力和拼搏，最终才得以支撑起企业。

从这个角度而言，管理者需要时刻保持一颗感恩的心，因为没有员工的帮助和努力，管理者拥有再强的能力和手段，也无法支撑企业的发展和壮大。

感恩需要进行表达

《战国策·赵策一》中提道："士为知己者死。"员工虽然不会为了企业和管理者牺牲生命，但是在企业发展的过程中，若员工遇到一个能够理解自己、能够看到自身的努力、能够不断对自身表达感激的管理者，必然会在心灵上感受到无尽的温暖，从而会心甘情愿地为企业和管理者付出，并充分发挥自身的能力、挖掘自己的潜力，以便为企业做出更大的贡献。

有这样一个管理者，他在企业中面对任何员工都非常随和、平等，而且不论是做人做事都非常讲究方法，因此员工都非常尊重他。可是当他组建好自己的企业团队，带领企业不断开拓、发展时，有一部分员工却逐渐感觉与管理者产生了巨大的隔阂。

原来，这位管理者虽然极为随和，行事有度、奖惩合理，但是他自身非常吝啬于对员工表达感激。面对任何员工，不论是曾经为企业呕心沥血、艰苦奋战的员工，还是在企业艰难时做出巨大成绩甚至帮企业解决危难的员工，这位管理者从来都不会说感谢的话，也从来没有表达过自己对员工的感恩。

这种做法，让很多员工都感觉不舒服，因为他们不知道自己的贡献和努力，管理者是不是看到了，也不知道他们创造的各种成绩，管理者是否满意。久而久之，员工们开始丧失激情与活力。虽然做出成绩之后，根据企业奖赏制度，员工们会获得对应的奖励，但是管理者从不表达感恩的行为，让所有员工都精神低迷。

同时，员工们也感觉到了管理者和他们之间拥有非常大的距离，好像管理者从来没有以平等身份对待他们，即便这位管理者非常随和……慢慢地，员工们开始疏远管理者，甚至看到管理者的随和表现时，也会不自觉地感觉到“虚伪”。

其实，这位管理者从来没有“虚伪”地对待企业的员工，他的内心深处，也必然对那些为企业做出贡献的员工非常感激，可是，因为他从来没有表达过感恩之情，最终导致员工与他的距离越来越远，甚至对他产生了极大的误会。

作为管理者需要明白，在经营企业的过程中，应该时不时表达感激，因为表达感激，是管理者回馈员工的一种重要方式，也是员工感知管理者关注和尊重的重要手段。

管理者如果能够在面对员工时，不吝啬自己的感激话语，一方面员工能知道，自己的努力和付出已经被管理者知晓；另一方面员工也能够感受到心灵上的温暖。这种被认同和被感激的心情，会让员工更愿意拥护管理者，也会让员工对企业更加忠心，更会让整个企业的凝聚力越来越强。

管理者要表达对员工的感恩之心，需要在任何员工为企业做出贡献、做出成绩后，及时给予肯定的表扬和赞美。如果员工做出的成就对于企业的发展而言意义重大，那管理者更应该公开且真诚地向员工表达感激。而且，表扬和赞美员工、向员工表达感激之时，一定不要掺杂任何批评和转折的话语，只需要表现对于员工纯粹的感恩即可。

表达感恩要注重形式

企业的管理者在向员工表达感恩时，也需要注重表达的形式。其主要的形式有两种，一种是公开的感激，另一种则是私下的非公开感激。

管理者公开向员工表达感激时，应该落落大方、干脆爽快，能够让大家听得清清楚楚、明明白白。具体的表达内容，重点需要放在员工为企业、为部门、为其他员工等做出的贡献和功绩上。

只有管理者大大方方承认员工的贡献，真诚表达出自己的感激之情，才能够让员工感到重视和认可，也就更容易让员工感觉到归属感和企业的温度。

非公开感激通常处于非正式场合，只有管理者、领导层和员工本人，感激的重点主要集中于员工自身。管理者以非公开的方式表达感恩时，需要真诚传达出对于员工的信任、赞许、期望。

之所以选用非公开感激的方式，通常是考虑到员工的性格与特性。有些员工本就非常低调，而且并不愿意将自己的功劳和成绩公之于众，这时管理者就可以使用非公开的方式进行感激。同时在表达感激的时候，还可以表达出管理者对员工未来的期望。

公开的感激和非公开的感激也可以融合进行，即先对员工进行非公开的感激，让员工感受到来自管理者的信任和关注，这样也更容易展现出管理者的真情。之后再进行公开表彰，让员工感受到自己的付出对企业的重要性。

任何时候都要顾及员工的尊严

俗话说：人活一张脸，树活一张皮。其中的含义就是人生在世，其实都是非常在乎脸面的，也就是人们时常说的面子。只是，这里的“面子”并不是其他人给予的那种面子，而是每个人内心深处所秉承的一种自尊心。其脱胎于人的尊严出现，是人际交往过程中非常重要的一个因素。

面子与尊严

人生在世，经历、个性、道德品质的包裹之中，都孕育着人的自尊心，或者可以理解为一个人在外表现出来的各种底线。因为不同的人拥有不同的经历，也有不同的个性，更培养了不同的道德品质，所以不同的人会拥有不同的自尊心。

有些人，以自身为尊严，形成了属于自己的自尊心；有些人，以亲朋好友为尊严，形成了守护着亲情的自尊心；有些人，以道德准则为尊严，形成了融入天下社会的自尊心……

尊严的不同立足，会让人拥有截然不同的自尊心，而这份自尊心表现在外的部分，就是每个人最为在乎的颜面，也就是我们所说的面子。面子与尊严，就仿佛人的内外，尊严立于人的内心深处，支撑着人的行为准则和思想品质，而面子则立于人的外表，是人们十分关注的东西。

生活中有人被称为“刀子嘴豆腐心”，这里的刀子嘴其实指的就是，这些人沟通交流之时，通常会不注意他人的尊严和面子，从而说话的时候过分随意，也就很容易伤害到他人，从而使自己的交际圈越来越窄。

生活中如此，工作中同样如此。在企业发展过程中，顺畅的沟通交流是提高工作效率的必要手段。如果在其中有人刀子嘴，就不利于整个团队的团结和凝聚，甚至会遭人怨恨。

作为管理者更需要顾及他人的尊严，在和员工沟通交流时，需要考虑一下员工的面子问题。尤其是员工犯错后对其进行批评时，若总是当面斥责，就很容易让员工处于非常尴尬的境地，久而久之管理者必然会受到这些员工的怨恨。

因此，管理者在任何时候，都应该考虑和顾及一下员工的面子。要想和员工成为朋友，就需要从情感层面换位思考，了解清楚员工内在的尊严，这样才能够做到既可以指出员工的问题，又不让员工丢面子，从而维系整个团队的和谐氛围。

学会维护员工的尊严

任何企业的发展，都离不开员工的支持，管理者需要明白员工的存在和支持，才是企业得以成长的根基。而想要让员工能够成为朋友，能够心系企业，能够与企业一同成长、发展，管理者就必须学会维护属于员工的尊严。

在同一个城市的同一区域内，有两所大型商业超市分占了这个区域的东西两面。两家商超归属不同的企业，管理模式和服务风格也截然不同。虽然两家商超并没有紧邻，但是依旧形成了潜在的竞争关系。

东面的商超，奉行的是顾客至上、微笑服务且尽可能满足顾客的合理要求，而且针对整个服务流程制定了极为严苛的标准。在这样的严苛的标准制约下，此商超的业务额一直非常稳定，整体口碑也非常不错。

可是，在一段时间之后，因为这家商超内发生了数次顾客与一线员工的冲突，每一次东面的商超都会发布对应的致歉声明，以便挽回顾客并维系顾客的尊严。虽然这些顾客是保住了，但是很快这家商超的一线员工却开始大批量辞职了，甚至商超也陷入了离职潮。一时间整个商超的日常运营都陷入了艰难的境地。

后来有人询问那些离职的商超员工，发现最开始的时候，是因为顾客和员工出现冲突后，商超的管理者每一次都会不管青红皂白，先对员工进行训斥，并勒令员工向顾客道歉，然后赔上笑脸去询问顾客到底发生了何事，即便是顾客自己的问题，或者是产生了误会，也会将过错直接摊到员工身上。

因为商超有严苛的服务流程标准，其中有很多项内容都是员工在服务过程中出现过错，就必须接受对应的惩戒。而因为很多过错并非员工引发，所以这类惩戒让员工非常难受。

如果仅仅如此也就算了，更重要的是每一次，商超管理者都会丝毫不顾及员工的尊严，怒斥、勒令赔礼从来没断过，而且还会有一些极具攻击性的言语。

就这样，很多感受到自己的尊严在这里必然会受到损害的商超员工，无法忍受这种无端的训斥和讽刺后，纷纷提上了辞呈。一些商超员工虽然没有在服务过程中出现过错，但是看到出过错后员工被处理和被对待的状态，都感觉心寒，对整个企业的管理根本不抱任何希望，于是也开始提交辞呈。最终导致了商超陷入了无人可用的地步。

西面的商超和东面的商超截然不同，他们并不奉行顾客至上，而是奉行服务至上。而且这种服务至上的标准并不是固定的，而是以一种非常灵活的状态执行。

西面商超的管理者，对服务员工的唯一要求，就是要真心实意去面对顾客，将顾客视为自己的家人朋友，为顾客带去真正实用且舒适的服务，而不是一味满足顾客的需求；管理者还提出，如果员工心情不佳时，完全可以申请调整休息，或者与管理者沟通交流来疏解情绪。

在此基础上，西面商超还规定了员工不用加班，并给予员工不错的福利和待遇，还会不断真诚关怀员工的日常生活。

其实西面商超也经历过东面商超类似的情形，即顾客因为各种各样的原因和员工产生了冲突。与东面商超处理手法不同的是，西面商超的管理者会将员工的责任承担下来，然后以商超的角度先行向顾客道歉，并快速给出缓和处理方式，同时会详细调查冲突形成的原因。

若是商超的问题，会及时进行系统性的调整和员工培训，以减少同类事件再次发生。若是员工的问题，也会在安抚顾客的基础上，详细询问员工的情况，寻找到问题出现的源头，以便调节员工的情绪，促使员工带来更加舒适的服务。若是顾客自身的问题，商超同样会竭力安抚顾客，并给予员工对应的补偿，以确保员工心态和情绪不会受到影响。

西面商超这样的做法，无疑保全了员工的尊严，使所有员工感受到了足够的尊重感，自然也就更加心甘情愿为商超的发展努力工作。

没几个月时间，西面商超就完全超越了东面商超，不但顾客感受到了真诚服务，而且员工十分稳定踏实。即便商超没有制定严苛的服务流程和标准，员工也都会自发奉献出自己最专业的一面。

任何人都会竭力维护属于自己的面子和尊严，作为管理者，自然需要学会维护员工的尊严。所以在和员工交流时，一定要深思熟虑，减少攻击性的言语，在做事时同样需要考虑到员工的尊严问题，避免员工因为尊严受损而产生抵抗心理和逆反心理。这样才能确保企业内部团队宛如一个整体，也才能够不断推动企业向更好的方向发展。

加强参与感，激发主人翁意识

企业虽然是在管理者的带领下，不断发展和前进，但是员工是推动企业前行的核心动力。试想一下，员工在工作过程中，如果感觉这份工作或任务，不过就是给管理者提供结果，自己赚取对应利润而已，那相信员工在工作过程中并不会全力以赴；但是如果员工感觉这份工作就是自己的事业，就好像自己在给自己做事，那么相信员工必然会尽职尽责、全心全意工作。

要想让员工对工作、对企业有极强的归属感，把公司的事当作自己的事，就需要管理者能够适当加强员工的各种参与感，尤其是给予员工一定的公司权力。这样员工就会拥有更加强烈的工作热情，更会自然而然地激发出自己对公司的主人翁意识。

民主决策：公司是大家的

有些企业管理者，不论是开会、发言，还是培训、训话，总会在话里话外，强调公司好像就是领导自己的。这种非常狭隘的观念，会让绝大多数员工感觉公司将员工都拦在了外面，公司好了管理者就好，但员工还是原样。

作为管理者，一定要摒弃这种狭隘观念，而且要在员工之中树立一种“公司就是大家的”的大局观意识。不仅要在言谈举止之中，将员工放到“公司的主人翁”角度，还需要在决策领域，增强员工的参与感，让员工真切感受到主人翁的责任。

比如，可以让员工参与到公司的一些管理和决策中，尤其是一些和员工息息相关的工作内容，都可以让员工参与决策。这样一方面可以提高员工对工作的重视度，感受到自己在工作中的重要性，另一方面也能够提升公司的凝聚力和吸引力。

有一家漫画创作公司，管理者心中一直有一个“打造精良国产漫画”的梦想和理念，因此在组建团队之后，一直不断贯彻这一理念。而且为了将这一梦想和理念灌输到整个公司的团队之中，管理者还实行了召开全员头脑风暴会议的制度。

每隔一段时间，管理者就会召开全员会议。会议上管理者会将漫画的故事线画出，但其中的具体细节、矛盾、冲突、人物、场景等各个层面的内容，都会让员工畅所欲言，意见、想法、创新等都可以提出。

在这个会议上，针对情节、冲突、人物、场景等内容，每个员工都可以发表自己的见解。即便是明确了一些情节方向、冲突核心、人物性格、场景模式之后，其他员工也可以在此基础上提出自己的问题、意见和建议。最终的决策则同样由员工来确定。

就这样，虽然漫画整体推进速度比较慢，但是内容的质量、画风和特色却异常明晰，很快就在国际漫画市场上有了一定的知名度。整个公司同样异常团结，每个员工都非常珍惜自己参与决策的作品！

这种让所有员工参与民主决策的手段，践行的就是让员工参与到公司管理和决策的经营思想。在这种模式下，每一个员工对企业的认可度、责任心都很高，团队的凝聚力也非常强，从来不惧任何危机和困难，在很大程度上加快了公司的发展速度。

在经营企业的过程中，管理者完全可以让员工参与到公司的决策和管理之中。这不仅体现了对员工的信任，同时在员工看来，能够参与到决策和管理，就需要负起一份自己的责任。在责任心和信任度的感召下，员工对企业就会更具归属感，同时也就对公司有了深刻的情感，工作起来自然也就更加尽职尽责。

之所以会出现这样的氛围，就是因为员工的参与感增强了，员工对公司产生了很强的主人翁意识。同时因为他们也参与了决策和管理，从而对公司的大局、市场竞争状态等有一个清晰又明了的认识，为了让公司发展得更快更好，员工自然就会有更加清晰的努力方向和工作动力。

人性化管理，员工也是主人

企业管理者要想让员工参与到内部的决策和管理中，就需要考虑到员工自身对企业的认可度。只有员工完全认可企业，才会全心全意参与其中，而想要达到这样的要求，管理者就必须循序渐进地做到以下几步。

第一步，需要管理者秉承以人为本的管理理念，实行人性化管理，将员工当成合作伙伴，让员工真正体会到做企业主人的感受，让员工真正去管理一下企业，这样员工的心就会和企业联系在一起。

第二步，既然要让员工真正参与管理、参与决策，作为管理者就需要为员工打通一条贯穿员工与管理领域的渠道，清除这条渠道之中的各种阻碍，以便员工能够真正为企业考虑，真正献计献策。这样，员工和企业才会宛如一体，企业就像员工的家。

第三步，管理者要增强员工的参与感，让他们真正参与到企业决策和管理过程中。同时需要让员工为自己的决策履行责任。管理者可以运用特殊的激励措施，在员工为企业贡献发展良策之后，就要及时给予员工对应的奖励，同时让员工为他的良策和后续的实施承担一定的责任，包括完善良策、监督执行等。这样不仅能够激发员工的创造力和工作主动性，还能够推动员工全身心投入工作之中，使员工与企业的联系更加紧密。

第四步，需要管理者逐渐引导员工，将其个人的目标、梦想，慢慢向企业的发展目标靠拢、统一。毕竟，不论是企业还是个人，想要得到发展和成长，就必须拥有一个明确且清晰的目标指引自己。作为管理者就应该引导员工将自己的个人目标和梦想，逐渐与企业的发展目标融合，形成更加统一的价值观、认同感，从而最终让员工成为企业的主人！

导航篇

实现卓有成效的管理

鼓励追随者制定更高的目标

不论是生活之中，还是工作之中，梦想都是人们奋斗、拼搏的源头。很多时候梦想看起来遥不可及，但是梦想是推动人不断前行的无上动力。

在现实之中，即便有些梦想只能在遥远的未来才能实现，但是如果没有这些梦想的指引，人们则会失去前行的目标，甚至一生之中浑浑噩噩，毫无方向。

也就是说，即使梦想无法快速实现，也会成为人们前进的方向和动力。梦想能够化为一个清晰高远的目标，为人们的成长提供动力，也能够为人们的发展提供导航。

作为企业管理者，想要让自己的企业不断成长、发展、完善，并吸引无数追随者与企业共进退，就必须拥有远大的梦想，并根据梦想确立一个高远的目标。

目标要可望又可及

企业管理者制定的目标，通常是企业发展的目标，而且是吸引员工前来，并激情高涨共同工作、全心全意付出的核心基础。但是需要注意的是，管理者制定的企业目标，必须满足一个条件，那就是“可望又可及”。

虽然企业的发展和成长，都需要以高远的梦想和目标为动力，但是过于宏大的目标和梦想，会让大多数人望而却步。因为他们会感觉这个目标实在太远，甚至自己拼尽全力也根本无法实现，因此就会让人心生退意，成为人们前进路上的阻碍。

如果家长想要训练孩子的弹跳能力和身体的协调能力，就可以寻找一些孩子非常感兴趣的东西，将其悬挂到一根高绳上，引导孩子跳起来抓取。当这根高绳在孩子努力跳跃恰好就可以碰到的高度时，孩子的兴趣和尝试欲望就会不断被激发，从而时不时就会去尝试，这样也就有效锻炼了孩子的弹跳能力和身体协调能力。可是，如果这根高绳挂得过高，孩子多次跳跃根本摸不到上面的东西，甚至总是差很大一截高度，数次之后孩子就会失去兴趣，再也不会去跳起来尝试。

之所以会出现这样的结果，从目标角度来说就是，恰好可以让孩子努力后碰到的高度，对孩子而言是一个可望又可及的目标，因为只要不断努力，就有可能把感兴趣的东西抓到手中，从而变成自己的。

可是，如果绳子挂得过高，孩子怎么跳跃都碰不到上面的东西，几次尝试之后，孩子就会丧失信心，从而对这根绳子再也不感兴趣。

管理者在为企业制定目标时，同样需要制定一个员工通过不懈努力就能够实现的目标，或者通过坚持不懈，可以一步一步靠近，能够让员工看到希望的目标。而不是制定一个极为远大，但是却宛如空中楼阁、无人可及的目标。

可望又可及的目标，才能够不断调动员工的积极性，也才能够让员工不断努力、不断挖掘自身潜力，最终实现这个目标。当然，企业制定过高的目标不妥，制定过低的目标同样不妥，因为太低的目标，很可能员工都不需要努力即可达到。这对于员工而言，根本无法激发其工作的积极性，也根本无法受到鼓舞。

鼓励和引导员工制定高远目标

企业的目标，是管理者凝聚员工的源头，但是在企业发展的过程中，员工也需要拥有一定的个人目标，因为目标是指引员工不懈努力、激发工作激情和动力的源头。

而且，对于员工而言，通常高远的目标最终造就的成就也会更高。曾经有这样一个故事：

三个石匠正在建筑工地干活，三个人面对工作的态度却截然不同。有一个人发现之后就分别询问三人到底在干什么，三人给出了截然不同的三个答案。

第一个石匠慵懒又无奈地说，自己只是在混口饭吃，砌好这面墙之后工作就能结束了！第二个石匠则专心致志，但一边干活也一边回答，自己要做出最出色的石匠能够完成的工作！最后一个石匠，在听到问题之后双目灼灼，并停下手里的工作望向远方，说自己正在建造世界上最伟大的建筑！

三个石匠从事的工作其实并没有太大区别，但是因为不同的目标，他们给出了三个不同的答案。很多年之后，三个石匠也拥有了三个不同的结果：慵懒的石匠，手艺平平，一些年之后还在重复着砌墙的工作；专心致志的石匠，手艺一直在增长，成了石匠界一位德高望重的手艺人；而目光灼灼的石匠，已经成为一位非常知名的建筑设计师。

之所以三个本来工作完全一样的石匠，最终却呈现出了三种不同的结果和未来，其实就是由三人在工作过程中不同的目标造成的。低目标乃至没有目标，让人一生碌碌无为，毫无建树；中层目标推动着第二个石匠成为技艺高超的工匠；而高层目标，则让第三个石匠成为举世闻名的设计师。

目标高远与否，就表现出了人看待未来的态度，目标制定得 越远，那么他就看得越远，最终获得的成就也更高。这就是古话所说“志当存高远”的完美写照。

在企业之中，员工会拥有属于自己的目标，但是受到一些条件的影响和限制，很多员工可能不会制定高远的目标，这无疑会限制员工未来的成就。因此作为管理者，想要成为真正的领头羊、引导者，就需要引导员工制定一个契合他的高远目标，这样员工就能够在高远目标的指引下，更加努力地奋斗，并获得远超他自己想象的成就。

当然，管理者帮助员工制定高远目标，并不是脑门一热之后给出一个结果，而是需要真心实意从员工角度出发，制定最适合员工的目标。这就要求管理者必须对员工渴望发展的行业、领域有深入的了解和清晰的认识，这样才能够更加精准地把握行业和领域的动向。

之后管理者还必须对员工有深刻的认识，了解员工的优势、缺陷、能力等，这样才能做到知己知彼。

最后管理者还需要拥有极强的规划能力，可以帮助员工将大目标分解成一个个连续的小目标，同时引导员工将自己的大目标和企业的目标进行融合与靠近，以便员工借助企业的力量，不断去实现自己的目标，并向自己未来的高远目标靠拢。

在此过程中，管理者不仅是一个引导者，还需要成为一个监督者。推动员工制定出最适宜自身的高远目标后，激励员工去行动，行动过程中还需要管理者能够在员工遭遇问题和困境时予以帮助，心态和情绪不稳时给予鼓励，甚至在实现目标过程中能够提供各种物质和精神层面的支持！

帮助员工提高综合素质

企业的发展离不开管理者的带领，同样也离不开员工们的拼搏和奋斗。从团队角度来说，员工的能力和素质，对于企业效益而言是十分重要的一环，因此，管理者在带领团队的过程中，还需要肩负起教育员工、提升员工综合素质的重要任务。

真正的管理者，并不是依靠权力和职位，强压员工来为企业获取效益，而是通过教育员工、不断提高员工的综合素质，让员工对企业有更强的归属感和忠诚度之后，主动且自发地为企业发展贡献力量。

突破教育员工的思维局限

在企业发展过程中，有一部分管理者会有这样一种顾虑，或者说是一种认识误区，那就是如果教育和培养出一名极为优秀的员工之后，自己的领导地位是不是早晚会被取代。

尤其是有些管理者会认为，自己专业方面的能力不高，如果教育的员工，在很多方面都超过自己，那么员工也就拥有了位居管理者位置的底蕴，以后会和管理者争夺位置。

其实，这只是一种管理者认知层面的方向性错误。不论是哪个企业，管理者最重要的能力，并非各种专业技巧或专业化能力，而是其自身的魅力，以及凝聚人心、组建团队共同奋斗的组织协调能力。

至于通过教育员工，促进其能力得到提升、完善，这完全说明了管理者领导有方，且有识才之能。教育出的员工能力越强，说明管理者的管理能力和经营能力越强。

作为企业的管理者，需要突破教育员工的思维局限，需要明白，当通过教育让员工拥有足以独当一面的能力后，作为管理者就能够拥有更多的时间和精力，去提升自我，从而让自身拥有更加完善的能力。

教育员工，培养顶梁柱

当企业管理者打破思维局限，愿意教育员工以便提升他们的综合素质，并着力培养员工成为企业的顶梁柱后，就需要找到一种特定的方法，来更加快速便捷地教育员工。通常需要从两个层面着手进行。

第一个层面，是管理者需要从员工的思想意识层面着手，推动员工更快认可和认同企业。这部分教育其实完全是归心的过程，也是为了更好地调整员工本身的状态。

从思想意识层面教育员工，管理者需要从企业的价值观、企业愿景、企业目标和梦想等内容着手，为员工解读这些内容，以便员工能够认可企业的愿景、目标等，并形成与企业价值观相统一的个人价值观。

就如同很多企业愿景通常会蜕变成一句口号一般，其最主要的目的，就是通过通俗的口号，让员工真切感受到这份愿景。在不断宣传此口号的同时，企业也需要不断践行此口号，以便带动员工逐步认可这份企业愿景。

作为企业的管理者，自然也需要以企业愿景为核心，通过自己的行为、举止、理念和做法，去体现企业的价值观。而且需要让员工参与到监督自身、检验自身的工作中，督促管理者自己以企业价值观、企业愿景为践行标准。

虽然管理者需要教育员工的思想意识，让员工与企业同心同德，但是同样需要尊重员工的多样性和多元化个性，毕竟每一个员工都是独立的个体，他们都会有自己的喜好、追求、梦想。管理者只需要确保员工的思想意识能够融入企业目标、愿景之中即可。

第二个层面，则是管理者需要引导员工将自己的目标和企业目标统一，促使员工愿意跟随企业的发展不断努力，同时需要将应该如何做的技巧、解决问题的知识等灌输给员工，并督促员工行动起来。

通常情况下，员工在与企业同心同德之后，都会拥有很强的学习欲望，从而在管理者传授各种技巧和知识时，努力汲取营养，以便让自己的能力和素质更强。

不过，也有些员工没有学习欲望。但如果管理者强迫员工去学习，必然会激发员工的逆反心理，效果不佳甚至会影响团队和谐。

遇到这样的员工，管理者就需要充分发挥自己领头羊的优势，以身作则，通过自己的学习和实践、行动和反思，不断去激发员工的渴求之心，从而自发自主地学习。

需要注意的是，管理者在教育员工，传授给员工对应的技巧和知识时，也需要因材施教，因为不同的员工有不同的接受能力和知识底蕴，所以学习的效果也会有所不同。管理者需要了解员工的特点，推动员工自发寻找最适合自身的学习手段，帮助员工提高综合素质，最终去追寻属于员工、属于企业的那份梦想与目标。

建立培训体系，让员工更优秀

企业管理者在鼓励员工制定更高远的目标之后，还应该在企业内部建立一套完善的培训体系，以便培训员工，让他们变得更加优秀，也更容易去追求自己的目标和实现自己的愿景。

企业内部的培训体系，是一套极具组织性的提高模式，能够传授给员工对应的技巧，从而让员工更好地完成本职工作，拥有正确的工作思维，获取工作所需的各种知识和技能。同时，企业内部的培训体系也是提高企业发展活力，为企业发展提供必要人力资源支持的重要手段。

1995 年，一个身材胖胖的名为于东来的人，创立了一家小店，名为望月楼胖子店。虽然这只是一个不大的店，但是被于东来提出了一个在商业领域极具震撼性的经营理念——用真品，换真心。

两年后这个店被更名为胖东来烟酒有限公司。没过多久，胖东来集团创立成功，经营理念也再次被完善，增加了不满意就退货的口号。于是，一个极具颠覆性的经营理念，就成了胖东来集团的服务宗旨，也成了胖东来集团的企业愿景。

然而，胖东来所建立的企业愿景“用真品换真心，不满意就退货”，不是仅依托于东来自身或胖东来集团，而是需要无数胖东来的员工，共同为之奋斗、为之努力，才能够实现。

于东来带领着公司不断发展，之所以获得今天的成就，离不开于东来对待员工的态度。在于东来心里，要实现这震撼性的经营理念，就需要员工的配合与真心相助；可要实现员工的配合与真心相助，就必须从内心深处尊重员工，而且需要踏踏实实、真心地对待员工，让员工认可这一理念和愿景。同时要不断培训员工，让员工感觉到自己在这样的理念下会变得更优秀！

于东来的整个管理核心，看起来非常简单，他一直认为员工的管理才是带领企业发展时最为关键的内容。不过，不同的员工就会有不同的认知，也会有不同的需求，为了实现员工目标和企业愿景统一，胖东来树立了以人为本的管理理念，同时构建了一个完善的培训体系。

因为胖东来集团是服务类企业，所有客户所面对的都是一线员工，所以于东来极为重视一线员工的培训和教育。他认为只有借助不断培训，才能够一步步推动员工充分认识到胖东来集团的企业愿景和经营理念内涵。也只有这样，员工才能够真正感受到对顾客施以真诚的服务，方能慢慢实现企业愿景。

通过培训，胖东来的员工拥有了为客户服务的责任感和真情表露的真心，获得了与客户友善打交道、将客户视为家人的技巧，同时也让胖东来与客户建立起了令所有企业都羡慕的良好关系！

认识到培训的重要性

有些企业管理者，对培训员工这项任务一直都非常排斥，因为他们会认为，培训是可有可无之事，如果时常培训员工，有可能会耗费巨大的财力、物力和人力，有可能会培训出优秀的员工后却为他人作嫁衣，有可能耗费了巨大的精力做培训，员工却毫不在意，不思进取，不学无术……

也有些企业管理者认为没必要培训员工，完全可以从外部挖掘最适合企业发展阶段的各种人才。如果人才不合适还可以重新挖掘新人才。

其实这样的想法极为片面，甚至会严重影响企业的发展和壮大。培训员工的目的是有效提高员工的综合素质和能力，以便使员工更适宜企业的需求。虽然会有一定的投入，但是只要能够培训出适宜企业发展的优秀员工，真心对待这些员工，他们必然能够给企业带来更多的回报。

虽然企业完全可以从外部挖掘对应的人才，但其中的弊端更多：首先，不论职位如何，都采用外聘人才的方式，非常容易造成企业内部结构不稳定，因为外聘人才对企业的文化、目标的理解有限，虽然他们能力很强，但是不一定可以快速推进企业的发展；其次，外聘人才通常需要高薪聘请，这对企业而言是一笔巨大的投入；再次，临时外聘的人才，对企业的归属感也会较低，因为未曾参与企业目标的决策，所以外来人才很可能会与企业的价值观、文化理念格格不入，从而在感觉到不适宜时就会随时离开；最后，大量使用外聘人才，也会让企业内部的忠诚员工感觉到自身不受重视，从而打击他们的工作积极性和工作热情。

总体而言，培训员工的优势要远远大于劣势。因此，作为管理者，需认识到培训员工对企业发展的重要性。试想在企业逐渐壮大的过程中，管理者是想和一直陪伴企业成长发展的老员工一起见证，还是想和一群外聘的临时人才一起享受高光时刻？相信聪明的管理者都有自己的决断。

培训员工要做足准备

认识到培训员工的重要性之后，企业管理者还需要有针对性地培训员工。因为不同的员工拥有不同的能力和特性，所以企业中员工的培训并不是一件容易的事，需要管理者提前做足准备。

首先，管理者需要针对企业发展方向、员工特点、员工能力体系等，制定一套合理又完善的培训体系。因为不同员工的工作内容会有巨大差别，职能岗位也会有很大不同，所以要想让培训卓有成效，就需要管理者针对不同类型、不同层次、不同能力水平的员工，以他们的需求为核心，制定一系列相互关联的培训体系。

其次，制定出培训体系之后，管理者还需要考虑培训的各种投入，其中包括建立培训体系之后设备的资金投入、培训时间的投入、培训费用和员工停工的投入，这些都需要管理者予以支持。因为培训投入涉及多种内容，如果一下建构完成对企业的压力可能会很大，所以管理者可以针对培训体系，从易到难规划逐步投入、逐步完善的培训投入计划。

再次，开始投入培训后，管理者还需要确保培训具有实际效用。对员工进行培训的基本目的就是要提高员工的能力、完善员工的知识底蕴、加强员工的技艺、引导员工制定高远目标、促进员工愿景和企业愿景相融合等。所以管理者在员工培训之前，一定要了解清楚企业内部员工的状况，具体哪些员工需要哪些培训，有针对性地对员工实施不同的培训，以便高效提升员工的能力等。

最后，管理者虽然建立了一整套培训体系，对培训进行了投入，并制订了详细的培训计划，但是想培训员工，当然还需要获得员工同意。通常情况下，绝大多数员工对于提升自我还是比较有兴趣的，但是有一部分员工可能因为种种因素，不想进行培训。

这时，作为管理者就需要及时对员工的情况进行了解，明晰员工不愿接受培训的缘由，想办法激发员工的培训愿望。如果员工是因为培训体系与自身的职业生涯规划有出入，那么管理者完全可以帮助员工完善职业生涯规划，并辅助员工制订出最匹配他的培训计划。

规划梦想，将愿景融入企业

每个企业都有属于自己的企业愿景，而这个愿景不能只是挂在管理者嘴边、话语中的内容，而是应该融入企业各个部门、各个环节，真正能够引领企业发展，能够帮助管理者领导员工和感召员工。

很多知名企业，都拥有一个清晰明了的企业愿景，如阿里巴巴的“让天下没有难做的生意”，如吉利的“造老百姓买得起的好车”。这些企业愿景，在企业内部展示出来，就能在很大程度上吸引员工、感召员工，从而推动员工不断为之奋斗。而且，如果这个由梦想和目标蜕变而出的愿景，能够和员工个体的梦想、愿景相融合，管理者就将真正成为企业和员工的导航者，更能够赢得追随与信任。

将企业愿景内化为现实

企业的愿景，是由管理者根据企业目标和梦想，最终规划、总结、转化而成，要想让其能够引领企业的发展，引领员工奋斗，还需要管理者具备足够的实干精神。即将企业的愿景内化为自身的领导力，然后以领导力干预企业现实，推动企业进步。

所以说，将企业愿景内化为现实，关键就在于管理者自身。管理者需要培养和加强自身以下几方面的能力。

首先，管理者需要拥有足够的信心，坚信自己能够带领企业、带领员工，通过艰苦的努力和奋斗，一步步去实现那个在很多人看来仿佛遥不可及的企业愿景。虽然这个过程会极具挑战性，但是作为管理者必须具备勇于挑战和乐于挑战的精神与魄力，并且需要以超强的信心真正落地实干，成为企业员工的精神表率，最终才能够不断鼓舞员工，激发企业斗志，为实现企业愿景而不断拼搏。

其次，管理者需要对企业的愿景和企业最终的发展目标有清晰的认知。这样管理者才能够确定愿景的方向，并根据愿景来制订详细计划。只要立足企业愿景，方向不偏离，就能够寻找到最佳的行动路径。在这之后，管理者就可以坚定不移地带领员工，根据行动计划和行动路径，果断执行。因为目标足够明确、愿景足够清晰、计划足够详细、方向足够正确，因此整个企业就能够在愿景的引导和管理者的布局下，完全拧成一股绳，不受任何外界因素干扰和影响地行动起来。

再次，企业愿景的存在，一方面是为管理者明确前进的方向，另一方面也能以高远目标不断鼓励和激发员工们的拼搏精神，自然也就能够促进员工积极进取、开拓创新。基于此，管理者需要在企业内部构建出一个能够让员工安稳进取、不断创新的环境和氛围。要想做到这一点，管理者就必须开阔视野，转变思维，从思想层面重视创新的定位。创新才是企业的未来，也才是企业立足于市场、社会的根基。有了创新思维，企业中的创新氛围自然就可以快速建立起来。

最后，企业愿景是引导员工不断拼搏和努力的动力，同时也是企业创新氛围的支撑力。这也就意味着员工在不断拼搏的过程中，必然会不断激发斗志、不断创新、不断颠覆。

然而，创新路上并非一帆风顺，必然会不断失败和犯错。作为管理者，应该在树立企业愿景之初，就有这种心理准备，并且要有意识地包容员工的错误和失败，借助愿景的推动力，不断激发员工进取的精神，给予员工足够的改错机会和成长机会。这样员工才会对企业更有感情，也才会为了企业的发展而贡献自己的力量。

让个人梦想照进企业

企业之中由企业目标和梦想蜕变出的企业愿景，是企业内部所有员工为之奋斗的未来图景。这不仅是企业价值观的表现，更是企业未来目标的意愿表达。

企业的愿景能够增强员工的凝聚力，同时更容易让员工对企业产生认同感和归属感。不过需要注意的是，企业的愿景应该和员工个人的愿景、目标、梦想进行融合。这样员工个人的追求，就会和企业的追求融为一体，员工在工作过程中，自然而然就会感受到属于自己追求的一种使命感。

员工的个人愿景，通常是员工在企业内部追求的一种主观愿望，包括薪资、地位、技艺、人际关系等各个层面，也可能是上述层面的综合体。不过其核心是员工进入工作领域之后，所渴望的未来职业生涯规划。

毕竟任何一个员工进入企业，除了受到企业愿景、目标和管理者魅力的吸引，从而聚集到一起之外，在每个员工的内心深处，其实都有一个属于自己的梦想和追求。如果员工进入企业工作一段时间后，发现自己的个人追求和企业的发展方向有所偏离时，工作起来就会越来越难受，甚至最后不得不与企业分道扬镳。

比如，一家企业在建立之时，愿景是让顾客用上保质低价的产品，那么整个企业就会向成本把控、质量维系、生产效率提升等方向发展。当企业发展到一定时期，员工依旧以此愿景为追求，可管理者却为了获取足够的利益，将“保质”弱化，慢慢员工就会感觉到企业的发展已经与自身的追求产生偏离，最终必然会舍弃企业离开。

有些企业在发展过程中，企业愿景会慢慢沦为管理者自己的追求，员工们工作起来毫无热情。之所以出现这样的情况，最根本的原因就是管理者没有将企业愿景和员工的个人愿景相融合，没有将企业的利益和员工个人的利益统一起来。

想要员工能够一直兢兢业业、热情四射地为企业拼搏，管理者就需要注重让员工个人的梦想照进企业，即将企业的愿景和员工个人的愿景进行融合。这就需要管理者站在员工的角度，去看到员工的个人需求和追求，并将两者进行很好的结合。

比如，3M 公司作为世界 500 强企业，就有一项十分奇特的做法：管理者的办公室有一块巨大的白板，上面写满了各种各样的小字，而这些小字就是公司内部不同员工在这一年之中的目标，以及他们的名字。这些目标每一年还会发生变化。

3M 公司之所以会设置一个这样的白板，是因为管理者想要清晰地看到员工们的目标，以便努力将员工个人的目标与企业的愿景进行融合。这样的做法，不仅让员工得以归心，还让整个企业更具凝聚力，员工为企业付出也会更加心甘情愿。

作为管理者，需要对员工进行深入的了解，不断去挖掘员工的追求、目标和渴望，让个人的梦想照进企业，以此为基础去和企业的愿景进行结合，让员工的工作更有价值和意义。这样才能够让企业获得长久发展的潜力。

让员工与管理者共同前行

企业的管理者在带领企业发展的过程中，经常习惯把企业比喻成员工的“家”。其实这种引导理念并不正确，或者说很容易把企业带入被动的局面之中。

这是因为，家的概念，在人们眼中是一个能够完全放松身心的精神港湾，即便是受了委屈、表现不佳，在家中也能够得到很好的恢复。但是企业完全不同，企业是一个团队，整个团队就如同在驾驶一艘船，管理者为掌舵者，而员工则各司其职。

也就是说，企业团队中的各个成员，不会将企业看作家，而是将其视为一个共同奋斗事业的集合体，也可以称之为每个人“事业的家”。所有成员都是为了实现同一个事业目标而努力，管理者为了能够让事业目标更好地实现，完全可以对不积极的团队成员进行处理和惩戒。

综合而言，管理者在带领团队的过程中，最终的目的就是让员工和你一起前行，一起为了同一个事业目标而努力奋斗。彼此都是为了一个共同的使命，需要所有成员齐心协力。要想做到这一点，就不能让员工把企业当成“生活的家”，而是应该把企业当成“事业的家”。

打造拥有统一目标的团队

要想让团队之中的员工跟随管理者共同前行，管理者就必须打造一个拥有同一目标的团队。这需要管理者在企业团队的日常管理中，不断向员工传达属于团队的共同目标。不过仅依靠普通的会议或日常传达共同目标的效果非常有限，因此必须寻找最恰当的时机，传达整个团队的统一目标。

管理者要把握给予员工反馈的关键节点。通常管理者向员工反馈信息时，都会涉及员工的权益，因此员工的注意力和关注度也最高，比如在员工汇报工作时、员工提出决策建议时、员工提出管理建议时等。管理者可以借助彼此工作层面的深层沟通，向员工传达团队目标及目标一致性理念。

另外还有两个重要的节点，非常容易被管理者忽略，其中一个就是有员工提出离职之时，很多管理者在向员工反馈离职人员的信息时，都会选择极为模棱两可的理由。这种理由看似可以暂时稳定在职员工的心态，但其实很容易引发员工的猜测，甚至会影响他们的工作状态。

作为管理者，完全可以借助员工离职的节点，向在职员工传达团队的统一目标，尤其是离职员工能力出众且潜力巨大时，完全可以告知在职员工，他是因为发展目标与企业的发展目标有所偏差，所以选择离开。这种理由会让在职员工感知到目标一致性的重要性，也不会对他们的工作心态产生影响。

另一个节点就是在给予员工奖励时，尤其是一些员工的确为企业的发展做出了贡献，管理者这时最好能够给予这些员工带有仪式感的奖励，并且让所有员工知道奖励的缘由。其中最有效的肯定，就是让所有员工都知道，之所以有奖励，是因为员工为企业统一目标的实现，做出了巨大的贡献，给予了巨大的支持。

引导员工为他们自己工作

有些管理者在带领团队的过程中，虽然已经打造出了拥有统一目标的团队，员工也和企业都是一条心，但是总感觉其中一些员工并没有真正地用心努力工作。即使在管理者的督促和推动下，他们依然无法达到预期的工作效果，还可能会让团队的工作混乱。

之所以会出现这样的状况，是因为有些员工一直认为自己是在为管理者工作，员工行动起来都是借助了管理者乃至制度的推动，员工自身没有形成一定的主动性和自发性，因此就导致管理者推动员工时，员工会不自觉地反抗，整个团队的行动自然就会不够协调。

想要在大家拥有统一目标的前提下，让员工跟随管理者共同前行，仅靠督促和推动是不够的，而是应该培养员工“为他们自己工作”的心态，即让员工意识到他们努力的方向就是他们自身渴望的方向，员工自己本身期望完成这份工作。

该如何做到这一点呢？需要管理者不断去强化员工“为自己而工作”的观念。管理者需要帮助还没有形成这种观念的员工，真正看到工作给他们自己带来的改变，让他们切身感受到“为自己工作”能够产生的巨大效果；同时需要不断给那些已经有“为自己工作”观念的员工，强化这种观念，让员工在工作过程中获取越来越多的成就感。

此外，管理者需要借助员工和企业所形成的统一目标，进行统一的目标管理。只不过管理者不能以企业目标管理的方式对待员工，而是应该引导员工意识到他们工作所期望达到的目标，是属于他们自己的目标，而这个目标又和企业目标拥有一致性。在这样的目标推动下，员工的工作积极性和自发性自然会越来越高涨。

尊重每一名员工的贡献

尊重员工是每位管理者必备的基本素养。同时，对于员工的尊重，也是管理者在管理企业过程中，能够实施柔性管理的重要根基。

管理者对员工的尊重，不仅仅是对其人格、个性、价值观的尊重，还表现在对员工为企业的贡献予以足够的尊重。很多企业管理者，在带领员工的过程中，总会不自觉地认为员工习惯于逃避工作，如果不进行严格管理，员工就可能会偷懒。因此为了加强对员工的监督，他们就会采取一些强制手段来管理员工，恨不得将员工所有的时间都占用，以便推动工作进程。

对于员工贡献的尊重，就是要对员工的工作足够信任，同时要从内心深处尊重员工的个人生活。通俗而言，就是一定要尊重员工的私人时间，即使在上班的时候，也不能完全占用员工的所有精力和所有时间，而在下班之后，更不能以任何理由占用员工的时间，因为那是独属于员工的私人时间。

几年前，已经在商业圈打拼多年的王浩（化名），将自己手中的资金全部投入创办了一家企业，因为他手中采购资源丰富，所以整个企业的采购都由他一手抓起。王浩是个标准的工作狂，在积累资金阶段就经常没日没夜地努力工作，自己创办企业之后，更是将所有时间都投入了公司中。

本来，王浩的这种工作狂状态，对企业的发展有很大好处，也能够成为员工们的榜样。可是，为了能够确保企业快速发展，王浩竟然制定了对应的规范，要求员工也要和自己一样，工作时间越长越好，每天都需要陪着自己加班一个小时以上；而为了让员工在工作时能够全神贯注，他更是规定了很多极为苛刻的要求，包括员工上班时间不得擅自离岗、不得闲聊、不得打私人电话、不得做任何与工作无关的事等。

王浩的做法，恨不得让员工将所有的时间都用在工作上。甚至在休息的时候，王浩急需某个员工的工作成果时，也会不断督促员工在休息的时间将工作完成并整理好。

在这样的管理模式下，员工怨声载道，甚至永远没有自己的私人时间，全部都被工作占据。更无语的是，王浩的这种管理，使得很多员工手上的工作都毫无意义，纯粹属于浪费时间，工作效率根本没有提升上去，工作业绩也根本没有提高。

王浩还明确了公司的晋升制度：如果员工没有形成将时间都用在工作上的习惯，就不会拥有任何晋升机会……

慢慢地，员工们感觉到自己的自由都被限制了，工作起来都毫无主动性和积极性，士气越来越低，工作效率也越来越差。有些员工实在无法忍受这样的管理模式，直接扔下一个烂摊子就辞职了。

公司的采购作为整个工作流程中最关键的一步，就这样被王浩严苛又毫无人情味的管理模式，耗尽了生机和期望。很快，公司就陷入了被动，王浩的工作更是陷入了僵局。继续留在公司的员工虽然依旧在工作，但是却毫无建树，整个采购部门的工作压力，仿佛都压到了王浩自己身上……

上述案例之中的王浩作为管理者，视工作为全部的做法，的确非常令人感慨。如果仅是自身的做法，可能成为企业内部所有员工的榜样，但是他将自己的工作习惯强加于员工身上，甚至严苛到毫无人情味的程度，长此以往自然会让员工感觉到失去了自由，毫无生活乐趣。

无时无刻不监督员工的管理模式，会让员工感觉到窒息。不论是工作过程中还是生活过程中，员工都需要拥有独属于自己的私人时间和私人空间，这是员工调整心理状态、缓解压力的重要途径。如果管理者将员工的私人时间全部占据，势必会让员工感觉到压力重重，而且因为没有缓解压力和调整心理状态的时间，会变得越来越疲惫，以至于严重影响工作的效率和工作的质量。

尊重员工的基础是信任员工

作为企业的管理者，一定要在尊重员工个体的基础上，尊重员工的个人习惯和私人时间，尊重每个员工对企业的贡献，尊重员工的工作价值，时刻对员工保持着感恩的态度，这样才能够获得员工的认可与理解。

管理者对于员工的尊重，其基础就是要从内心深处信任员工。其实，企业中的绝大多数员工都是非常尊重和享受工作的，也会将工作视为自己生活之中非常重要的内容。

只要管理者能够做到信任员工，对员工的工作态度予以认可，通常情况下员工都会有很强的进取心和自觉性。他们会对自己的工作负责，也渴望通过工作来完善属于自己的事业。

得到信任和尊重的员工，在工作过程中会更加愿意为工作付出，也愿意为企业的管理者排忧解难。在管理者的持续尊重下，员工也会逐渐和管理者成为朋友，成为最亲密也最信任的工作伙伴。

管理者对员工足够信任、足够尊重，在对待员工时会自然而然如同对待家人一般，也自然能够看到员工的付出、努力和成绩。将心比心的态度下，员工也自然而然会感觉到自己的重要性，从而工作时更具积极性，也就更能发挥自己的工作智慧和工作能力。

在管理者和员工彼此信任、彼此尊重的基础上工作，管理者就更加容易感受到员工的付出，员工也更加容易感受到管理者的关怀，从而彼此之间就能够形成一种良性的循环，工作之中的矛盾冲突也就更容易得到解决。这种良性循环，对企业而言极为重要，也是企业能够快速平稳发展的根基之一。

营造彼此尊重的工作氛围

管理者信任员工，是给予员工尊重的根基。要想使整个企业沉浸在彼此尊重的氛围中，管理者需有意去营造一种特定的工作氛围，以便能够和员工形成彼此的认可和尊重，具体需要从以下几个角度着手。

首先，管理者在任何时候对待员工，都需要有礼且重视。管理者需要明白一个重要的原则：任何员工对于企业而言，都是一笔重要的财富。秉承这一原则，管理者在对待员工时还需要礼貌有加，不论是工作还是日常生活中，也无论是彼此交流还是安排工作时，作为管理者都必须彬彬有礼，不要以命令来压制员工，而是应该体现出作为管理者的关怀。

交流时，应该以平等的态度面对员工；安排工作时，应该重视员工反馈的问题，及时发现员工的困难并给予帮助；日常生活中，更需要将员工视为朋友，给予最基本的关怀。

管理者在面对员工时，不要因为所处位置产生的权力，就对员工有不好的态度，如不可一世、不屑一顾、随意斥责等，这都是对员工的不尊重。

其次，管理者要做到表里如一。你的行为举止需要与内心想法完全一致，这样员工才能看到一个真实又富有情感的管理者，从而对你拥有足够的信任和理解。

最后，管理者还需要在企业内部营造一个充满安全感的工作氛围，就如同企业内部就是员工“事业的家”，这样员工才会和企业荣辱与共。

要打造拥有足够安全感的内部工作氛围，就必须让员工在工作过程中能够感受到轻松、和谐之感，即便犯了错误，也不需要担心被谴责，而是拥有足够的容错机会。这样就会让员工产生安全的感觉，同时也会对企业拥有更强的认同感。这样的一种氛围，会让员工不忍去破坏，自然也不会容许他人破坏，员工的团队精神也就会被最大化激发，从而在企业内部出现问题时，更加负责任地去解决问题，而且真心实意。

合理把控与员工的亲疏

在任何一个团队之中，人与人之间都会存在各种各样的亲疏关系，有些人之间会较为亲近，而有些人之间却会比较疏远。这一方面是由不同的人所拥有的不同性格、价值观与行为准则导致，另一方面也因彼此了解的程度不同导致。

通常性格类似、志趣相投、文化素养在同一个层次的人之间，更容易形成较为亲近的关系；而彼此之间相处的时间越久，了解的程度越深，关系也会出现一定的变化。时间的积淀之下，亲疏关系也会发生变化。通常情况下，相处的时间越长，彼此的关系和感情也就越亲近；而相处的时间较少时，彼此的关系和感情会偏淡一些。

这种亲疏关系，在企业之中同样会出现，尤其是管理者和员工之间的关系，更会出现一定的亲疏变化。通常管理者和员工之间如果文化素养接近，价值观类似，配合起来就会比较顺畅，自然亲近程度也就会越高；如果文化素养相差较大，价值观截然不同，那么彼此之间配合自然会困难重重，关系也自然会比较疏远。

管理者与员工关系的亲疏程度，在企业内部有时也会影响彼此的配合。一般管理者和员工的亲疏关系，都需要合理去把控，这主要涉及两个方向，一个是管理者与员工之间不能太过亲近，而是要做到合理避亲，即亲者严；另一个则是管理者与员工之间也不能太过疏远，必须增进彼此的了解，以便减少彼此的生疏程度，具体做法就是疏者宽。

合理把控亲近度：亲者严

人与人之间的亲疏程度，通常会通过两种距离来表现，一种是心理距离，另一种是接触距离。在企业内部，若管理者与员工之间比较亲近，首先彼此之间的心理距离就会比较近，管理者和亲近的员工更容易打成一片，彼此之间不论是沟通交流，还是工作过程，都显得更加有效和简单。同时，管理者与员工比较亲近的关系，也会表现在接触距离方面，越亲近的关系，接触时的实际身体距离会越近，接触的频率也就越高。

但是，作为管理者一定要清楚一个现实情况：当管理者与员工过于亲近，员工就容易出现一种心理上的惯性，也就容易“得寸进尺”。即当你和员工打交道时，员工虽然会夸赞你没有领导架子，也容易沟通交流，但是时间久了之后，就容易变得没有轻重，甚至久而久之还容易在工作中出现掺杂强烈个人意愿的情况。

秦总建立公司已有数年，平时对手下的员工就如同兄弟姐妹一般，经过数年的发展让公司终于在市场站稳了脚跟。这天，秦总正在办公室接待一个非常重要的客户，没想到正在接待的过程中，一个员工敲门走了进来，上来就冲着秦立说：“老秦，哥几个今天晚上说去喝酒，已经定好地方了，下班别忘了过来！”

秦总听了这话非常尴尬，因为客户在一旁显得非常惊讶，而进来的员工根本就没发现有客户。于是秦总有些无奈地说：“这么毛躁像什么样子？这里是我的办公室！”

员工看到秦总的面色不悦，这才发现办公室还有客户在一旁坐着，也显得非常尴尬，道歉之后赶紧走了出去。可一段时间后，原本已经差不多要拿下的客户大单，却最终没有签下。

秦总这才意识到，自己这几年虽然和员工打成一片，推动着公司快速在市场站稳了脚跟，但是与员工过分亲近的关系，也使得员工极为随意。员工在办公室的行为，其实是秦总早就默许的，因为在他看来，大家都是兄弟，而且一起为了公司打拼，在公司里随意一些没有什么问题，也能拉近彼此的关系。

但是这次大单的流失，使得秦总感觉到了问题，自己和员工的亲近关系好像太过了，造成员工甚至都没有了上下级概念，行为举止都显得太过“放肆”了。为了改变这种状况，秦总不得不重新梳理自己和员工的关系……

其实，企业内部管理者和员工打成一片，对企业的团结和发展会有一定好处。但是，这种亲近关系一定要把握好度。尤其是在正式的场合和情况下，作为管理者一定要让员工有层级观念，否则管理者在客户、外人面前的处境，就会显得极为尴尬。

最佳的做法就是要在一定程度上实现“亲者严”，即在不影响工作效率的前提下，非正式的场合中管理者完全可以和员工打成一片，甚至可以称兄道弟；但是在一些正式场合，一些需要表现出领导威严和威信、让他人感受企业精神和底蕴的环境中，再亲近的员工，也必须认清“管理者”的身份和地位，并给予对应的尊重。

通俗而言，就是需要管理者面对员工时，该平易近人、和蔼可亲时，能够放下身段和姿态，与员工亲近无间；但是该展示管理者威严、体现企业底蕴、面对客户时，就需要让员工认识到礼数，而且能够第一时间转变态度。

这样亲者严的关系处理模式，才能够让员工在与管理者亲如一家人的同时，树立起对管理者的尊重。

合理把控亲近度：疏者宽

企业中管理者和员工的关系，需要以和谐共处为核心，掌控好必要的亲疏度，不能过分亲近，当然也不能过分疏远。过分疏远，容易影响工作的效率，甚至一些员工无法和管理者实现无障碍的沟通交流，工作任务的传达等也会受到影响，无法达到顺畅无碍的地步。

罗清瑶（化名）是一个漂亮的女孩，虽然刚毕业时间不长，但是凭借落落大方的性格，以及口齿伶俐的口才，很快就受到了业务出身的公司领导王总的青睐。王总非常赏识罗清瑶的才干，所以时不时就会对她进行指点，所以罗清瑶的业务能力上升很快，去年就已经成为业务部的销售冠军。

到了这一年下半年，罗清瑶洽谈业务的能力已经非常熟练，很快就被王总提升为了业务部的副主管。不过，也因为罗清瑶管理经验稍欠，所以在成为副主管之后，耗费了很多经历在管理层面，导致罗清瑶整个下半年的业务量下降严重。

可是，王总对罗清瑶的态度依旧非常和蔼，但是对其他业务人员的态度却变了个模样。因为王总对罗清瑶的态度，以及对员工们的态度截然不同，所以导致公司内开始出现各种风言风语。

有一天，王总和罗清瑶正在一起吃饭，顺便洽谈一下业务层面的问题，以及整个业务部门的状态，期望能够寻找到一个妥善激发业务人员积极性的方案。没想到巧合的是，两人吃饭的隔壁房间，也有几个业务人员正在用餐，而彼此之间的谈话都对他俩的亲疏关系产生了怀疑。

有人认为罗清瑶完全是因为能够和领导打成一片，又能言善语，所以虽然业务能力不强，但依旧能够得到晋升提拔，而且业务量下降也没有受到任何惩罚。有人则认为，自己的业务水平并不比罗清瑶低，努力工作却从来没有受到领导的关注……

几个业务人员的说话，让正在隔壁吃饭的王总和罗清瑶异常尴尬，一方面是因为这些业务人员误会了两人之间的关系，另一方面则是因为业务人员的认识的确是因为王总对员工的亲疏关系差距造成的。

其实，上述案例中的员工之所以会抱怨，在很大程度上是因为管理者与员工的亲疏关系没有把控好：管理者和能力出众的员工过分亲近，使得其他员工产生了一定的误会；管理者和其他员工又过分疏远，员工对管理者的了解程度不深，而且也不明白被提拔的员工到底优势在何处，这就导致了其他员工感觉管理者行事并不公平公正。

作为管理者，需要做到与亲近者保持适当的距离，心理距离要表现出亲者严的态度，接触距离也要适当控制在恰当的范围；同时还需要做到与疏远者能够尽可能靠近。彼此亲近起来，一方面需要改善条件和态度，让疏远的员工感受到管理者的亲近之感；另一方面则要尽可能多关心疏远的员工。

在工作过程中，管理者一定要平等对待员工眼中的亲近者和疏远者，一视同仁而且毫无偏袒。这样才能有效推动管理者与员工之间的关系，做到亲疏有度。